Jacqueline Tissier

Vous êtes chef ?

Ce n'est pas si grave !

Michel SORIANO

Vous êtes chef ?

Ce n'est pas si grave !

100 règles pour acquérir
les bons réflexes
aux bons moments...
et mieux vivre
votre responsabilité

MAXIMA
LAURENT DU MESNIL • EDITEUR

Michel Soriano est l'un des meilleurs spécialistes français en management. Il a connu tous les types de fonctions dans l'entreprise (chef de service, chef de département, directeur général, puis président de différentes entreprises : PME/PMI, Groupe Industriel). Parallèlement il a présidé un syndicat interprofessionnel et s'est fortement impliqué dans l'APM qui réunit partout en France des groupes de managers soucieux de se perfectionner. Ce livre concret est le fruit de son expérience et de ses enseignements.

Pour joindre l'auteur : michel.soriano@maxima.fr

infos / nouveautés / catalogues : **www.maxima.fr**

MAXIMA
LAURENT DU MESNIL • EDITEUR

192, bd Saint-Germain, 75007 Paris
Tél. : + 33 1 44 39 74 00 – Fax : + 33 1 45 48 46 88

ISBN : 978-2 84 001 561 1

Table des matières

LE BON RÉFLEXE AU BON MOMENT

Il faut au petit d'homme, nouvel arrivant sur terre, deux ans pour apprendre à marcher, deux ans pour apprendre à parler. Devenu enfant puis adolescent, il lui faudra quelques années encore pour apprendre à lire, à écrire, à réfléchir, à raisonner... mais aussi à conduire un vélomoteur ou une automobile. À l'âge adulte, nous apprenons un métier et certains d'entre nous, doivent également apprendre à diriger, à informer, à motiver, à réagir, à décider... Autrement dit, l'apprentissage est une nécessité incontournable sans laquelle un individu ne peut ni se construire ni évoluer.

Il est toutefois majeur d'observer que **ce qui résulte de l'apprentissage n'est pas seulement un savoir mémorisé et figé** que nous allons ressortir et utiliser de façon consciente et réfléchie. **C'est aussi**, et ceci de façon essentielle et déterminante, **l'acquisition de réflexes fondamentaux**.

Dans notre société où la réactivité et la vitesse sont des exigences de plus en plus incontournables, l'importance du « **bon réflexe au bon moment** » devient un impératif dans les organisations et les grands groupes, mais aussi dans les PME. En effet, le décideur, qu'il soit un politique, un manager ou un cadre dirigeant n'a plus droit à l'erreur ou à l'hésitation dans sa façon de réagir, tant ses dires ou ses décisions sont immédiatement repris et interprétés ou critiqués sans même que celui-ci puisse ajuster ses propos ou ses positions. **Il s'agit d'être sûr de son fait, même dans l'urgence** !
Cette exigence nouvelle est, par exemple, parfaitement démontrée par le cycle de formation que vient d'initier le groupe Elior (56 000 collaborateurs

dans 13 pays). Il est intitulé « Pratiques et comportements managériaux » et a pour objectif d'obtenir de la part de l'encadrement, selon leur propre terme : « les bons réflexes »* (9).

De fait, il s'agit d'être capable d'avoir la bonne réaction en toutes circonstances. De la même manière, un dirigeant de l'un des majors de la micro-électronique me confiait récemment : « Nous dépensons des sommes considérables en formation pour nos managers, mais nous avons de la difficulté, dans l'action, à obtenir les bonnes réactions. »

C'est précisément la méthode d'acquisition des **bons réflexes aux bons moments** qui nous intéresse dans cet ouvrage.

Bien comprendre le processus qui est en jeu

Avons-nous besoin de réfléchir au quotidien pour marcher ? Pour parler ? Non ! Le verbe et le qualificatif arrivent spontanément à notre esprit lorsque nous nous exprimons. De la même manière, changer de vitesse sur notre voiture, ou rassembler les différentes lettres d'un mot pour l'écrire, ne nous demande pas d'efforts de réflexion ou de mémoire. Nous avons donc acquis des réflexes qui font partie intégrante de notre personne. Selon la qualité d'acquisition de ces réflexes, nous serons un bon orateur qui utilisera spontanément les mots justes ou bien quelqu'un qui aura de la difficulté à s'exprimer. Nous pourrons être aussi un bon ou un piètre conducteur selon que nous serons ou non capables de faire passer l'acquisition de la conduite au stade du réflexe d'anticipation et de courtoisie.

Pourquoi voudrions-nous que l'acquisition des connaissances et des qualités, qui sont nécessaires au manager ou au chef pour diriger de façon éclairée et efficace, fasse appel à un processus qui soit différent de ceux que nous venons de citer ?

---

* *Les indices relatifs aux citations renvoient en fin d'ouvrage à la bibliographie pour préciser leur origine, ici (9).*

Il est clair que les acquisitions nécessaires au management se font de la même manière que les connaissances de base dont nous avons parlé : parole, écriture, conduite... avec des efforts, de l'attention et de la concentration.

Il est certain aussi que le résultat de cet apprentissage ne sera optimum que lorsque les acquisitions pourront se retraduire spontanément au niveau du réflexe.

Tout comme pour la parole, le réflexe est le jaillissement du bon mot au bon moment. Pour le management ce sera de trouver spontanément la bonne réponse, la bonne décision, le comportement approprié, ou du moins celui qui sera optimal en fonction de la situation vécue.
Les qualités de l'homme, comme celles du chef ou du manager, découlent directement de son aptitude à répondre de façon *rapide, éclairée et efficace* aux sollicitations de son environnement extérieur. Après la réflexion préalable, indispensable dans tout apprentissage, nous sommes pour ainsi dire « **formatés** » pour agir et réagir d'une certaine façon. Précisons toutefois que c'est bien nous qui choisissons et acceptons librement, au moins à l'âge adulte, le contenu de notre formatage. Si nous ne voulons pas apprendre les réflexes de la conduite, rien ne nous y oblige ! Pour ce qui est du management, nous pouvons très bien décider de n'acquérir aucune méthode et nous en tenir à des réactions spontanées. Celles-ci vont alors découler forcément d'autres apprentissages, lesquels ne seront pas nécessairement appropriés aux exigences très particulières de la position de chef. En effet les seules bonnes intentions, pour être nécessaires, sont cependant très loin d'être suffisantes. On notera d'ailleurs que même en cas de refus d'un apprentissage, celui-ci a tout de même lieu de façon automatique, c'est ce que l'on appelle *les fruits de l'expérience personnelle*. Ceux-ci, bien qu'ils soient essentiels, arrivent quelquefois bien tard et ne permettent pas toujours de faire face aux situations délicates ou compromises, tant l'influence du caractère, de la sensibilité et de la « façon d'être » de la personne qu'est le chef peuvent jouer un rôle important dans son comportement.

Combien de chefs ou de managers sont submergés par leur émotivité ou leur gentillesse et n'arrivent pas à prendre de décisions ou à les imposer ? Combien se laissent dévorer par le stress, sans trouver les moyens d'en sortir ? Combien n'osent réprimander ou dire des choses difficiles et vont ainsi induire le laisser aller ? A l'inverse, combien vont se laisser déborder par leur tempérament et blesser leurs collaborateurs ou être parfaitement désagréables n'obtenant ainsi que démotivation ou révolte ? D'autres encore, par l'indifférence ou la distance, croiront se protéger et ne récolteront qu'incompréhension et déliquescence…

Mais où est donc la juste mesure ?

Précisément la conséquence de la juste mesure, c'est être capable d'obtenir l'adhésion, la motivation et l'efficacité. Celles-ci découlent sans conteste d'un management qui résulte d'une compréhension éclairée du mode de fonctionnement de la nature humaine et des organisations hiérarchisées. Cependant, force est de constater que sous la pression des événements, du stress, de notre émotivité et des « turpitudes » humaines auxquelles nous sommes tous soumis, nous ne pouvons prendre suffisamment de recul dans l'urgence pour réfléchir, réagir et décider sainement à chaque instant. Il faut en effet, comme pour la parole, l'écriture ou la conduite, se contraindre à un apprentissage choisi qui nous convienne et nous permette d'acquérir des réflexes sains, face aux situations diverses et variées qui se présentent.

Cette démarche va nous permettre d'induire le bon réflexe qui découle de la réflexion et de l'apprentissage préalable. Il s'agit ainsi d'obtenir le bon réflexe au bon moment ! Je l'ai dénommé le *« réflex »*.

En quelque sorte, ce mode de management, loin de toutes les théories, est une *réhabilitation de la logique, du bon sens et de l'expérience* qui vont **éclairer notre réactivité** et permettre des réflexes appropriés aux différentes situations. Si la culture est, selon la formule devenue populaire : « ce qui reste quand on a tout oublié », alors de la même manière :

Le « réflex » est ce qui « reste » et découle de la réflexion et de l'apprentissage préalable. C'est ce qui doit être capable de rejaillir spontanément pour structurer notre comportement et le rendre cohérent avec la sensibilité humaine, les situations et les faits, tout en s'affranchissant de nos états d'âme, nos pulsions, nos emballements ou nos hésitations du moment.

L'objectif de cet ouvrage est donc d'aider le manager, qu'il soit chef de groupe, agent de maîtrise, chef de service, directeur ou président à acquérir les bons réflexes. Pour ce faire, il convient alors de réfléchir posément, en dehors de toute contrainte, de comprendre les modes de fonctionnement élémentaires des organisations, mais aussi ceux qui ressortent intrinsèquement de la nature humaine. C'est ainsi, qu'en s'appropriant ces modes de fonctionnement et ces comportements qui ne peuvent être explicités qu'au moyen d'exemples précis – ceux-ci deviendront des réflexes qui nous éviteront alors d'être débordés par notre nature ou par les événements.

Les 100 règles de comportement du chef

Tout naturellement ces réflexions vont nous amener à faire des constatations et à établir **des règles de comportement** qui vont ainsi baliser la façon de faire de l'encadrement de l'entreprise ou de l'organisation. Nous les avons noté **R1, R2, R3...** et nous en avons retenu une centaine. Elles n'ont de sens que parce qu'elles découlent d'une appropriation et d'un consensus mûrement réfléchi, de façon à faciliter la résolution des problèmes ou mieux... d'éviter qu'il n'en surgisse d'inutiles.
Les règles et les constatations que nous donnons dans cet ouvrage ont été discutées puis validées par l'encadrement d'entreprises de tailles et de métiers très différents, de la start-up aux multinationales, en passant par les grands groupes et les PME. Toutefois, penser que lire uniquement ces règles serait suffisant pour les intérioriser et faire qu'elles induisent des réflexes salvateurs serait totalement illusoire. Il faut, pour obtenir cela, en comprendre toute la portée au préalable en les explicitant avec des cas concrets et des mises

en situation. C'est ce que nous avons fait ici au moyen de multiples exemples et commentaires. Vous noterez par la suite que nous présentons aussi de nombreuses façons de réagir qui ne peuvent pas toujours se retraduire par l'observation de règles simples. Je vous invite donc à les noter au fur et à mesure de votre lecture, en les associant à une image ou à des cas concrets que nous avons cités, afin de mieux les assimiler.

Ainsi j'espère que la **réflexion** qu'aura engendré cet ouvrage et les **règles** qui sont extraites vous aideront à acquérir les bons « **réflexs** » parce que le « formatage » qui vous est ici proposé répondra au profond de votre nature et que vous aurez à cœur de vous l'approprier personnellement ou mieux encore, collectivement, dans votre entreprise ou votre organisation.

Chapitre 1

COMMENT FAIRE POUR BIEN FAIRE ?

Jeune ou moins jeune, chef de service, directeur ou président... Qui n'a pas ressenti **l'angoisse de la responsabilité et la solitude du pouvoir** : la crainte de ne pas répondre aux attentes des personnes ; la paralysie devant les enjeux et les conséquences de la décision ; l'appréhension des réactions de l'entourage immédiat et de l'environnement, la peur de l'erreur et de l'échec ?

Comment faire pour bien faire ? Et à qui se fier ?

Il est vrai que le chef ou le dirigeant, celui qui doit décider, se trouve de jour en jour plus coincé entre une concurrence mondiale sans règles ni lois, une réglementation étatique toujours plus paralysante, et des syndicats déboussolés qui, pour exister, se radicalisent et se recroquevillent dans une crispation permanente.
Parallèlement, le dirigeant n'accumule-t-il pas lui aussi les contradictions les plus inavouables ? Il veut qu'on lui obéisse, mais, en même temps, qu'on le soutienne et que l'on compatisse en cas de coup dur. En quelque sorte :

Le chef voudrait qu'on le craigne et le respecte, mais il veut aussi qu'on l'aime ! N'est-ce pas trop demander ?

Être craint ou aimé, faut-il choisir ?

C'est dans ce contexte d'incertitude, d'hésitations et de « non choix » que l'on voit progressivement disparaître les caractères et les hommes

forts... « Surtout ne pas faire de vagues ! ». Il semble bien, hélas, que ce soit le nouveau mot d'ordre à la mode dans bien des organisations ! Et pourtant ! Les hommes veulent des guides. Ils veulent savoir où ils vont et, au fond d'eux-mêmes ils ne rejettent pas l'autorité, ils la demandent. Certes, ils veulent aussi comprendre, mais ils souhaitent d'abord qu'on leur montre le chemin.
Ce besoin est clairement illustré par les questions que me posait, il y a quelque temps, un groupe de directeurs des relations humaines d'entreprises de la région Rhône-Alpes réunis en séminaire à Lyon. Ils étaient environ une trentaine de DRH en provenance de tous types d'entreprises, filiales de grands groupes, de multinationales, PME/PMI, ... opérant aussi bien dans les nouvelles technologies que la chimie, la microélectronique, les industries de base ou les services informatiques. Toutefois, ils avaient une chose en commun : ils voulaient mieux comprendre et définir ce que l'on attend d'eux et de l'encadrement dans une entreprise. Sans doute un peu déboussolés, eux aussi, comme bon nombre de chefs actuellement, ils se posaient beaucoup de questions et souhaitaient qu'on leur indique la direction. Ils étaient en recherche, ne sachant plus comment agir ou réagir en bien des circonstances.

Ce que le manager attend de son personnel

L'animateur du séminaire m'avait demandé d'intervenir à cette occasion. La question que le groupe m'avait posée était la suivante : « Vous dirigez une société assez complexe, avec du personnel sur une quinzaine d'établissements et de sites en France et en Europe, pouvez-vous nous dire ce que vous, chef d'entreprise, attendez de votre personnel ? » La question paraissait claire, et pourtant !

J'ai débuté mon intervention d'une façon qui les a, je crois, un peu surpris, en leur disant ceci :
« Voulez-vous vraiment que je vous dise ce que j'attends de mon personnel ou, plus justement, du personnel de l'entreprise ? Ne craignez-vous

pas que je puisse être un peu pervers et que mes attentes aient alors un caractère excessif, voire abusif ? Je pourrais ainsi attendre d'eux :
- qu'ils me fassent des cadeaux ;
- qu'ils me courtisent et me disent que je suis génial ;
- qu'ils fassent mon travail à ma place ;
- qu'ils approuvent toutes mes exigences sans discussions ; et pourquoi pas, ...
- qu'ils viennent faire mon jardin le dimanche... »

Tout cela n'est pas sérieux, bien sûr ! Mais est-il vraiment intéressant de s'attarder sur ce qu'un homme pourrait attendre de ses subordonnés ? Que cet homme soit le chef et qu'il s'agisse de dizaines ou de milliers de personnes ne change d'ailleurs rien à l'affaire ! S'intéresser à ce que pourrait bien vouloir ou exiger cet homme-là, c'est prêter le flanc à toutes les perversités et à toutes les tyrannies.
N'est-il pas beaucoup plus intéressant de savoir, à l'inverse, ce que souhaitent ces quelques dizaines, centaines ou milliers de personnes, ce qu'elles attendent de leur chef ? C'est cela qui présente un intérêt et doit nous permettre **d'acquérir les " réflexs " appropriés**. Quelles sont les attentes communes du personnel vis-à-vis de la direction de l'entreprise ? Mais aussi, quelles sont les attentes des actionnaires, des clients, des fournisseurs, des financiers, des collectivités locales ? C'est bien là que résident les vraies questions.

R1 C'est cela le management : l'important n'est pas ce que veut ou exige le dirigeant. Ce qui importe, c'est avant tout ce qu'il doit faire et, surtout, la manière dont il doit le faire pour apporter une satisfaction optimale à toutes les personnes ou institutions que nous venons de citer.

Le dirigeant doit s'attacher à comprendre ce que souhaitent le personnel et l'environnement de l'entreprise et, en premier lieu, bien sûr, les attentes des clients. Il lui appartient ensuite, avec l'aide de sa hiérarchie, de proposer une stratégie et de mettre en œuvre les moyens et les méthodes de **management de terrain** pour atteindre les objectifs fixés, en adéquation avec les attentes.
Toutefois, n'oublions jamais que le management, ce n'est pas seulement la gestion des affaires courantes et la satisfaction immédiate des

différents acteurs que nous venons de citer. C'est aussi la prise en main de la destinée de l'entreprise, ce qui impose une vision et des actions sur la durée et, bien sûr, **des choix et des arbitrages lorsque les attentes sont contradictoires**. Il convient de rajouter également à ces contraintes de choix et de décisions celle, non moins exigeante, de **bâtir un cadre éthique et moral** dans lequel tous les salariés puissent se reconnaître et évoluer.

Dans cette perspective, il apparaît clairement que toutes les actions qui vont être mises en œuvre s'effectuent, bien évidemment, **avec des hommes et pour des hommes**. C'est pour cette raison que nous allons parler dans cet ouvrage des méthodes et des comportements nécessaires pour :

Réussir l'aventure humaine de l'entreprise

Il est certain que les résultats de cette aventure se mesurent sur le moyen et le long termes, mais avec une singularité importante : **les décisions concernant les hommes**, elles, **ne souffrent pas d'être différées**. C'est au quotidien que cela se passe et chaque instant, chaque entretien, chaque façon de faire a son importance sur la mobilisation des équipes et l'enthousiasme. C'est bien là, dans la rapidité et la spontanéité des réactions du chef que les qualités du management et des comportements trouvent leur raison d'être. **Être capable du *bon réflexe au bon moment,* voilà un l'objectif partagé par tous les membres de la hiérarchie, du chef d'équipe au président.**

En conséquence, de la même manière que les attentes du personnel et de l'environnement intéressent l'ensemble de l'entreprise, tout ce qui sera développé dans la suite de nos propos s'adresse autant au dirigeant qu'au chef de service ou au chef de groupe. En effet, il doit forcément y avoir cohérence d'objectifs et de méthodes sur la façon de faire ou de se comporter, quelle que soit la personne concernée ou son niveau hiérarchique. Soyons clair : **la nature de ce que le personnel attend du chef ou du manager ne dépend pas du niveau hiérarchique de celui-ci, mais découle uniquement du statut de chef**. Il s'agit en effet du chef avec lequel on travaille tous les jours et duquel va dépendre l'état d'esprit de l'entreprise, qu'il s'agisse d'une start-up, d'une PME ou d'une multinationale. La question se pose de la même manière pour l'ambiance de travail que va insuffler le directeur de site, le chef de projet ou le chef de bureau. De là découlera la bonne entente, l'envie de bien faire, l'efficacité et l'enthousiasme du groupe ou de l'organisation...

Nous touchons sans doute ici à la mutation essentielle que nous devons mettre en œuvre dans les modes de management, mais attention ! **L'autorité et le charisme ne sont pas ringards pour autant** ! **Ils doivent simplement s'exercer désormais sur les comportements et non plus sur les décisions ou les actes**. En effet, imposer une décision avec pour seule légitimité le fait d'être le chef n'a plus grand sens aujourd'hui. En revanche, exiger une qualité de comportement et une éthique sans faille va faire que les décisions prises s'imposeront d'elles-mêmes, parce qu'elles ressortent et découlent de processus et de comportements qui sont compris et légitimes.
C'est dans cette optique et avec cette philosophie présente à l'esprit, que j'ai, depuis le début de ma carrière, accumulé les expériences, vérifié des règles, noté des recommandations, des modes de fonctionnement et des anecdotes vécues et représentatives. C'est tout cela que je livre dans cet ouvrage avec les règles de comportements correspondantes.

Il est illusoire de penser que l'on puisse facilement faire évoluer les comportements dans une entreprise ou une organisation. La force de l'habitude et les inerties devant le changement ne doivent pas être sous-estimées. Cela requiert toujours un travail de fond qui ne peut être mené que sur la durée. Toutefois, cela peut aller assez vite si le dirigeant d'abord, puis la hiérarchie, s'impliquent pleinement dans ce challenge passionnant.
Il est primordial de comprendre que **la valeur de l'exemple revêt un**

aspect essentiel. Il est en effet seul capable d'expliciter les choses et de confirmer l'engagement.

> **La mise en œuvre d'une politique d'entreprise basée sur la qualité des comportements nécessite le respect de deux grands principes :**
> **R2 1) Pour être crédible, l'exemple doit émaner en priorité des étages les plus élevés de la hiérarchie. Selon la formule bien connue : « On nettoie toujours un escalier en commençant par le haut. »**
> **R3 2) Il faut savoir se faire aider. Le dirigeant ne peut pas tout impulser à lui tout seul !**

Afin d'obtenir la compréhension et l'adhésion de la hiérarchie à ce mode de management ainsi que sa mise en application, je me suis souvent fait aider par des organismes extérieurs. Bien entendu, j'ai retenu des intervenants dont le discours était en adéquation avec mes convictions sur le sujet. Cela s'est traduit, dans plusieurs entreprises qu'il m'a été donné de diriger, par des séminaires de sensibilisation destinés à l'ensemble de l'encadrement donc, précisons-le, jusqu'au chef d'équipe ou au chef de groupe ! Ce procédé présente aussi le grand mérite de délivrer le même message à toute la hiérarchie et de pouvoir en discuter ouvertement et calmement. En effet, Il y a nécessité de comprendre et de montrer par de nombreux exemples l'intérêt et la logique de tel comportement ou telle réaction plutôt que tel autre. Il sera alors possible d'acquérir le bon « **réflex** » parce qu'on l'a imaginé soi-même ou qu'on se l'est approprié. La présence et l'implication forte du dirigeant sont d'ailleurs indispensables dans ce type de séminaire. Ainsi il n'y a plus aucune ambiguïté sur ce que l'on attend en matière de comportement dans l'entreprise, puisqu'il y a discussion et partage.
Parmi les différents organismes de formation avec lesquels j'ai travaillé, c'est sans doute le « Centre de Perfectionnement des Entreprises (CPE) » qui m'a semblé le plus proche de mes préoccupations. J'ai donc largement utilisé leurs services pour des formations générales, souvent complétées, selon les cas, par des messages plus spécifiques adaptés à des questions particulières.

Les règles de comportement que j'ai retenues dans ce livre sont donc issues de l'assimilation par l'encadrement des divers messages que nous leur avons proposé et qu'ils se sont appropriés dans différentes entreprises pour en faire, d'un commun accord, **des règles du jeu**.

Il est intéressant de constater que les expériences relatées relèvent d'entreprises très différentes. En effet, j'ai eu l'avantage d'exercer dans l'Éducation nationale, même si ce fut de courte durée, puis dans des sociétés d'importances diverses, PME, PMI, filiales de grands groupes ou de multinationales, en passant aussi par les start-up.
Les activités des entreprises en cause ont été, elles aussi, très variées et concernent les secteurs :
- de l'ingénierie et du bâtiment ;
- de la métallurgie (acier, cuivre et alliages légers) ;
- du chauffage, de la climatisation et des économies d'énergie ;
- des énergies renouvelables et des matériaux nouveaux ;
- de l'industrie agroalimentaire ;
- de l'industrie automobile et de l'électronique industrielle ;
- de la thermique industrielle (fours, vitrification des déchets ...) ;
- de la papeterie, du recyclage et du traitement biologique des déchets.
- de l'emballage du packaging et de la sécurité alimentaire.

De cette diversité d'expériences et de situations vécues, j'ai dressé un constat qui est bien vite devenu pour moi une évidence.

R4 1) La nature humaine est une !
2) Quel que soit le type d'organisation ou d'entreprise, start-up, grands groupes, multinationales ou PME, ce sont toujours les mêmes facteurs de motivation et les mêmes règles qui régissent le fonctionnement des personnes.

Toutefois, avant d'approfondir ce que sont ces facteurs de motivation, le mode de fonctionnement et de réaction des personnes et des organisations hiérarchisées pour en déduire des règles, il me faut préciser une chose d'importance, c'est le caractère incontournable de **la vigilance**. En effet, le tout premier « **réflex** » du management, ce doit être la vigilance. Au-delà des situations et des comportements courants il peut se présenter des situations particulières. Par exemple, une entreprise classée « Seveso » compte tenu des risques environnementaux deman-

dera forcément une vigilance appropriée et un « formatage » préalable spécifique pour les responsables et les employés. Ils doivent en effet être « briffés » et entrainés sur la façon de réagir en cas d'incident, aussi bien au niveau technique que relationnel (journalistes, autorités locales, voisinage...) de sorte que leurs réflexes, dans l'urgence, correspondent bien à ce qui est nécessaire, en s'affranchissant du stress, des contraintes et des angoisses éventuelles du moment.
Cette vigilance s'adresse aussi à toutes les organisations à tous les instants, et à tous les sujets. Il s'agit en effet d'avoir une attitude de vigilance et d'observation qui nous permette de subodorer, de sentir, d'imaginer l'évolution des situations latentes qui pourraient conduire à nous placer en situation délicate de façon à avoir envisagé, ne serait-ce qu'un instant, ce que devrait être notre réaction d'urgence. En un mot, l'objectif est de ne pas être pris au dépourvu car dans l'urgence nous perdons 80% de nos capacités de réflexion et de nos moyens. Il s'agit d'**avoir toujours un coup d'avance** ... parce qu'on a déjà imaginé la suite.

Un exemple simple et amusant : j'étais embauché depuis quelques semaines dans un groupe de 1500 personnes et sauf incident, je devais accéder à la présidence du groupe, mais cela n'était pas encore fait. J'allais déjeuner avec le président charismatique que je devais remplacer et ses deux directeurs généraux. C'était la période où chacun d'eux cherchait probablement à me jauger. Nous passions devant le parking et le président me fit alors une remarque, qui, si elle peut paraître anodine ne l'était en fait pas du tout : « Depuis que vous êtes arrivé, j'ai remarqué que vous ne garez pas votre voiture comme tout le monde, vous vous placez en marche avant alors qu'ici nous avons l'habitude de nous garer en marche arrière ! ». Il ne fallait pas s'y tromper, cela voulait dire « vous ne semblez pas capable de vous intégrer et de faire comme tout le monde ! » J'aurais très bien pu me trouver décontenancé devant cette remarque mesquine et bredouiller une réponse du type « je n'avais pas remarqué... » ou bien « j'ai toujours eu cette habitude... ». Dans tous les cas, ce n'était pas satisfaisant et cela me desservait, surtout face aux deux directeurs généraux qui étaient présents et attentifs à ce qui se passait. Or la **vigilance** préalable ayant jouée, j'avais déjà observé leur habitude de se placer **en position départ** et décidé de ne rien changer de mon côté. Il m'a été facile d'imaginer dans l'instant une réponse qui s'appuyait sur le constat réalisé au préalable : « position départ ». Mon « **réflex** » était donc déjà formaté. Aussi ai-je répondu en souriant et de façon amusée : « C'est vrai Monsieur, nous sommes tous conditionnés par des habitudes. Pour moi, cela provient sans doute de l'un de mes anciens patrons qui faisait remarquer à ceux qui se garent, comme vous, en position départ : « Celui-ci, il est à peine arrivé qu'il pense déjà à repartir ! » Le président et les deux directeurs généraux en ont souri, mais au lieu de me trouver en difficulté, j'ai bien senti que je reprenais la main : c'est eux qui étaient dans l'embarras et moi qui avait un œil critique sur leurs habitudes. Ceci tout simplement parce que j'avais eu le bon réflexe au bon moment, grâce à la vigilance et l'observation préalable.

De façon plus sérieuse et surtout dans des situations plus délicates, voire difficiles, nous allons maintenant nous attarder sur les modes de fonctionnement et de comportement dans les organisations hiérarchisées. Nous en déduirons, au fur et à mesure, les règles d'observation, de vigilance et d'expérience qui doivent nous permettre d'agir en toutes circonstances avec les bons reflexes au bon moment.

Chapitre 2

SAVOIR MOBILISER LES ÉNERGIES, C'EST ESSENTIEL !

Le regard des autres et le compliment

Personne ne peut être chef ou dirigeant – je serais même tenté de dire que personne ne peut être père ou mère de famille – s'il n'a pas clairement compris que les progrès et la réussite sont intimement liés à l'image, à l'estime et à la confiance que l'individu s'accorde à lui-même.

Cette confiance et cette estime ne sont ni naturelles ni spontanées. Elles viennent uniquement de ce que nous lisons dans le regard des autres.

Si l'autre m'estime, je serai estimable ; s'il m'admire, je serai admirable, ... mais s'il me déteste, je serai détestable !
Je veux citer ici une réflexion de Jean Guéhenno dans son ouvrage *Sur le chemin des Hommes* (1) : « Méfiez-vous de ces maîtres qui se plaignent que leurs élèves soient bêtes. Qu'ils ne s'en prennent qu'à eux-mêmes ! Qui croit à l'intelligence des autres la provoque et la fait naître ! Qui en doute et s'en défie la rend timide jusqu'à la détruire. »

Nous devons être parfaitement conscients qu'une seule parole de défiance, une critique injustifiée ou un remerciement que l'on néglige peuvent à eux seuls détruire toute chance de réussite ... et pour longtemps. Il est majeur d'avoir à cet égard le bon réflexe au bon moment. En effet, le compliment que nous adresse l'autre est la

meilleure des vitamines. Il développe en nous une énergie au-delà de l'imaginable.
J'ai réalisé cela très tôt, alors que je n'avais que dix ans. J'allais à l'école primaire à Montpezat, un petit village proche de Nîmes. Je faisais le trajet aller-retour tous les jours jusqu'au mas où nous vivions avec mes parents et mes deux frères, en pleine campagne, à environ cinq kilomètres du village. J'avais alors un instituteur, M. Simon, dont la rumeur voulait qu'il soit un ancien militaire de carrière.
Il devait avoir une quarantaine d'années et il avait, paraît-il, quitté l'armée à la suite d'une double fracture des jambes lors d'un saut en parachute. Je n'ai jamais su si cela était vrai ou non, peu importe, mais pour nous, les enfants, cela ajoutait à son aura. Au-delà de cette aura, il ne fait aucun doute que cet homme-là connaissait parfaitement la nature humaine. Je garde encore aujourd'hui, grâce à lui, un souvenir ému de la petite histoire suivante.
Un après-midi, peu avant les vacances, il décida de procéder à un grand nettoyage et au rangement de la salle de classe. Je me suis ainsi retrouvé avec quelques camarades, un balai entre les mains, en train de balayer le préau et la cour de l'école. Je m'acquittais donc de ma tâche avec application sur le secteur qui m'avait été attribué, lorsque M. Simon vint vers moi. Il donna un coup d'œil périphérique puis m'observa en train de balayer. Comprenant que je faisais de mon mieux, il me dit alors : « Dis donc, tu as bien avancé et puis tu as un sacré coup de balai. C'est très bien, Michel, tu es un véritable champion. » Et il s'éloigna.
Il y a de cela plus de quarante ans et je peux encore citer ses paroles, tant elles m'ont marqué. Vu de l'extérieur, cet instant est sans aucun doute tout à fait banal, mais pas pour le gosse qui reçoit le compliment. J'étais donc un champion du balayage avec un coup de balai exceptionnel. J'ai, bien sûr, terminé mon travail avec enthousiasme et sans compter mes efforts, mais je n'en suis pas resté là. Durant plusieurs semaines, plusieurs mois, je rêvais, aussi bien endormi qu'éveillé : je remportais des concours de balayage, j'étais reconnu comme le meilleur par tout le village et bientôt par tout le département, puis médaillé à Nîmes, le chef-lieu du département... Plus je balayais, plus je devenais habile et performant, je raflais tous les prix, jusqu'à devenir

le meilleur balayeur de France. J'avais ma photo sur les journaux, j'étais acclamé... J'étais une vedette ! J'imaginais et je montais ces fabuleux scénarios dans ma tête, mais l'enfant de la campagne que j'étais gardait cependant les pieds sur terre. Je savais bien que je me racontais des histoires et, au fond de moi, j'en riais. Je savais que tout cela était ridicule, mais... être le meilleur ... même des balayeurs, après tout, cela n'était pas si mal et j'en étais très fier. Bref, les compliments de mon instituteur m'avaient littéralement propulsé sur une autre planète.

Cette histoire est restée un souvenir extraordinaire et elle m'a fait réaliser très tôt combien quelques encouragements, quelques compliments, ont le pouvoir magique d'émouvoir et de transformer celui qui les reçoit. Alors, n'en soyons pas avare ! Il faut bien sûr que le compliment soit justifié, sans quoi il peut être compris comme une moquerie, une blessure ou une offense. Mais **un vrai compliment, dispensé à bon escient, lorsque l'on a cherché à bien faire, est de loin la plus saine et la plus divine des récompenses**. Personne n'y est insensible, quels que soit l'âge, la position dans la société ou le niveau hiérarchique dans une entreprise. Le compliment qui nous est adressé atteint toujours son but, il valorise et dispense l'estime de soi en même temps qu'il apporte l'énergie et la motivation.

Le compliment est sans doute la chose qui demande le moins à son auteur, mais qui apporte le plus à celui qui le reçoit.

Il y a quelques années, je discutais avec une personne de ces questions de motivation. Elle me parlait de l'un de ses enfants, pour lequel elle ne savait plus que faire, les difficultés étant quotidiennes.

« Je ne peux tout de même pas le féliciter, me disait-elle, alors qu'il ne fait que des bêtises et ne travaille pas à l'école ! » Je lui ai alors proposé d'observer attentivement ce que faisait réellement son fils et de mettre en relief toutes les améliorations qu'elle constatait, si minimes soient-elles. Par exemple : « Tiens ! Cette fois-ci tu as eu huit en maths ! Alors que d'habitude c'est plutôt cinq ou six, c'est bien ! » Le but poursuivi est en effet de sortir du cycle infernal des déceptions et des reproches qui entretiennent la culture de l'échec. Il s'agit de rechercher tous les petits mieux qui peuvent justifier un encouragement, donner un peu de baume au cœur, un peu de courage et l'envie de progresser.

Qu'y a-t-il de plus déprimant et de plus décourageant que de subir des reproches et des remontrances sans jamais recevoir le moindre encouragement ?

J'ai d'ailleurs eu ces jours derniers l'illustration, appliquée au monde animal, de cette nécessité absolue de récompense afin de progresser. Un dresseur de chats dans un cirque expliquait sa façon de procéder et il disait clairement : « Chaque fois qu'ils font quelque chose de bien, je leur donne une récompense (caresse, nourriture, etc.) ; dans le cas contraire, je ne donne rien, mais en aucun cas je ne les punis. En effet, je sais d'expérience que si je les punissais, je n'arriverais plus à leur faire faire quoi que ce soit. Pour moi, un animal puni est un animal définitivement perdu pour le dressage ! » Certes, les hommes ne sont pas des chats et il faut avoir le courage de dire quand cela ne va pas. En dernier ressort, il faut savoir aussi, si nécessaire, prendre des sanctions. Nous y reviendrons largement par la suite et nous expliciterons cet aspect, tout à fait majeur, du management. Toutefois, ces exemples illustrent de façon claire que les compliments et les encouragements constituent des facteurs clés de la motivation et de la progression.

R5 Ainsi, le besoin de reconnaissance est l'une des conditions majeures de l'épanouissement de l'individu. Il appartient tant aux parents dans le contexte familial qu'aux chefs dans les entreprises de veiller en permanence à répondre à ce besoin et le satisfaire de façon spontanée et naturelle. Cela doit devenir un « réflex ».

Ne pas récompenser, féliciter ou remercier une personne qui a fourni un effort spécifique important est une omission grave. Si on n'y prend garde, cela peut engendrer l'incompréhension puis le doute et la démotivation qui plus est, sans que l'on s'en rende compte. Il me faut insister ici sur la nécessité que doit constituer ce « **réflex** » relationnel car, nous le savons bien, curieusement cela n'est pas spontané, bien que de par notre nature nous soyons tous avides de compliments et de reconnaissance. À titre d'exemple ; j'entendais récemment une personne qui venait d'aider son voisin à démarrer sa voiture le regarder s'éloigner et s'exclamer : « Ça ne lui arracherait pas la gueule de dire merci !... » Bon d'accord, c'est un peu trivial, mais c'est bien en n'ayant pas le

« **réflex** » relationnel approprié (ici dire merci) que l'on est capable de dégrader durablement les relations dans un cas comme celui-ci alors que par nature, l'événement aurait du les consolider.

L'exemple ci-après illustre l'importance de ce besoin de reconnaissance dans l'entreprise. Je dirigeais un groupe de mille huit cents personnes avec dix sites de production et une activité commerciale de vente sur toute l'Europe. Après une longue étude, lors d'un comité de direction, nous avions décidé la mise en place d'un nouveau progiciel informatique intégré de gestion (ERP). Son installation était en cours. Plusieurs groupes de travail avaient été constitués avec les personnes compétentes des différents sites, notamment Mme G..., chef comptable pour deux usines de production en France, qui s'était très fortement impliquée sur le projet. Elle avait mis en œuvre beaucoup d'énergie, de compétence et d'imagination, sans compter ses heures. Le résultat obtenu était de qualité.
Le directeur administratif et financier et le directeur informatique (responsables du projet) ainsi que le directeur de l'usine m'en avaient informé. J'avais donné mon accord pour l'attribution d'une prime exceptionnelle substantielle à Mme G..., comme ce fut d'ailleurs le cas pour d'autres personnes impliquées sur ce projet.
J'avais pour habitude de me rendre régulièrement dans les différents sites afin de rencontrer l'encadrement et faire le point sur l'activité, les projets de développement et les sujets d'actualité. Dans cette optique, j'avais décidé de réunir l'encadrement de ces deux usines (une trentaine de personnes) et de déjeuner avec eux. J'ai demandé au directeur d'usine qui allait bientôt partir en retraite de se mettre à table en face de moi, et j'ai invité Mme G... à s'installer à ma droite. Au début du repas, contrairement à son habitude, elle m'a semblé plutôt tendue et peu bavarde.
J'avais également prévu, au-delà de la prime qui lui avait été attribuée, de la remercier pour le travail réalisé sur le projet informatique. C'est ce que j'ai fait par ces mots : « Madame G..., je veux saisir l'occasion de cette rencontre pour vous dire que les responsables du projet et votre nouveau directeur, M. R..., m'ont tenu informé de votre implication dans le projet ERP et je sais que vous n'avez ménagé ni votre peine ni votre

temps. Je voulais vous en remercier personnellement. » J'ai vu d'un seul coup son visage s'illuminer et elle déclara : « Ce que vous me dites me fait très plaisir, j'avais vraiment peur que vous ne soyez pas au courant de tous les travaux que j'ai dû réaliser. C'était un travail considérable. » J'ai insisté sur le fait que j'avais été tenu au courant et que nous avions apprécié ses efforts. « C'est pourquoi, lui ai-je dit, nous vous avons attribué une prime. » « C'est exact et je vous en remercie », a-t-elle répondu. Mais il semblait que pour elle, ce qui était important, c'était de bien faire sentir tout le travail qu'elle avait dû fournir, et au bout du compte la considération qu'elle en retirait. Aussi ajouta-t-elle : « Mais ce que je craignais, c'est que vous ne sachiez pas tout le travail que cela m'a demandé... » Nous avons continué à échanger sur le sujet au cours du repas, avec une Mme G... complètement détendue et souriante.

On peut en conclure que la prime en elle-même, fût-elle substantielle, ne suffisait pas à apporter la reconnaissance attendue. Remercier de vive voix et s'intéresser réellement au travail réalisé et à la personne revêt tout autant d'importance. C'est une exigence liée à la fonction de dirigeant que de se rendre disponible, même si cela implique des contraintes (distances, déplacements, emploi du temps). Il faut donc prendre garde à la relation virtuelle via la messagerie électronique ou la numérisation des informations, elles ne permettent plus ce contact direct qui est pourtant primordial et indispensable à la vraie relation humaine.

Je ferai remarquer, car cela est tout aussi important, que je ne me suis pas contenté de dire à la personne que j'étais au courant du travail accompli. J'ai voulu qu'elle sache que c'était notamment son directeur, M. R... qui m'avait tenu informé. De cette manière, la confiance et le respect envers lui s'en trouvaient renforcés puisqu'il savait la mettre en avant et la valoriser. C'est, en effet, un élément sur lequel nous reviendrons, qui est majeur dans les organisations : la capacité du chef à valoriser son personnel auprès de la hiérarchie supérieure. C'est un élément de motivation et d'assise de l'autorité tout à fait essentiel.
Il faut toujours garder présent à l'esprit que dans une chaîne hiérarchique, tout comme dans une famille d'ailleurs, quelques mots maladroits ou de simples non-dits suffisent à détériorer gravement les relations. Attention donc au **mauvais réflexe au mauvais moment** !

Qui n'a pas en mémoire des conflits relationnels dus à des incompréhensions ou des choses sans importance pouvant parfois aboutir à l'irréparable ! Si on y regarde de près, la relation s'est souvent dégradée pour de simples futilités ou des *a priori.* L'importance du « réflex » apparaît ici clairement. Ainsi il suffira d'une remarque ou d'une réaction inappropriée pour que la discussion s'envenime et que l'incompréhension s'installe. Les personnes sont alors mises en cause parce qu'au-delà du simple incident on extrapole les intentions et le processus de la dégradation des relations est alors enclenché. On peut constater d'ailleurs avec désarroi que l'on oublie bien vite la mauvaise réaction qui a engendré le trouble pour ne garder qu'une impression générale négative sur la personne. Il s'agit donc d'éviter de tirer des conclusions hâtives dans nos jugements sur les personnes : elles peuvent paraître mauvaises sur le fond uniquement parce que la relation ou le mode de communication est mauvais !
Avons-nous envie de faire du mal à quelqu'un pour qui nous avons de la considération et de l'estime ou que nous aimons ? La question est sans aucun doute ridicule. C'est pourquoi j'affirme :

Il n'y a pas de mauvaises gens, il n'y a que de mauvaises relations !

Certes, nous pouvons rencontrer des personnes difficiles et ceci dès le premier contact, bien que cela soit assez rare. Dans ce cas-là, il apparaît, la plupart du temps, que la personne s'est aigrie en raison de problèmes de relations antérieurs, dont certains peuvent remonter notamment à l'enfance ou à l'adolescence.

La dignité et la reconnaissance de l'homme doivent rester au centre des préoccupations. Blesser quelqu'un n'est jamais une bonne opération ni un bon calcul !

R6 **1°) Il ne faut s'en prendre qu'aux comportements et aux actes, jamais aux personnes.**

R7 **2°) Il s'agit donc de proscrire les emportements et les humeurs à moins qu'ils ne soient volontaires et « réfléchis » afin de produire un effet prémédité, mais alors attention à la crédibilité !**

Au sujet de l'exemple cité précédemment sur l'implication de Mme G... dans un projet informatique, je disais que ce repas, pris avec les cadres, m'avait également permis de saluer le départ du directeur de l'une des usines. Cela me conduit à mentionner un autre exemple significatif de l'impact des comportements.
Le directeur de l'usine avait soixante-trois ans environ et je n'étais plus satisfait de la façon dont les problèmes de l'usine étaient traités. Les choses n'avançaient plus. Aussi avais-je décidé de le remplacer plus tôt que prévu à l'occasion d'un changement d'organisation et de le dispenser, pendant les quelques mois qui précédaient son départ à la retraite, de venir travailler. J'avais alors confié la direction du site à quelqu'un d'autre, afin de traiter les problèmes. Il est apparu que son départ était vécu dans l'usine un peu comme une mise à pied. De plus, sa mise à la retraite allait se faire sans qu'il soit dans l'usine, donc sans marquer l'événement. En effet, compte tenu de son absence, nous pouvions nous dispenser de faire quelque chose de particulier pour cette fin de carrière. J'ai tenu toutefois à l'inviter à l'occasion de ce repas avec les cadres, pour saluer publiquement l'homme, retracer son parcours qui avait été malgré tout globalement honorable, et dire que j'avais notamment apprécié qu'il ait accepté de rester quelques mois « sur la touche » afin de permettre l'anticipation de cette nouvelle organisation. Moyennant quoi, j'ai vu partir quelqu'un qui m'a remercié très chaleureusement pour cette démarche, car il craignait, selon ses propres termes, de partir dans l'anonymat et l'indifférence. Cela a d'ailleurs suscité plusieurs remarques positives de cadres présents. L'un d'eux m'a donné cette formule qui, je crois, résume bien l'esprit, même si on ne peut la reprendre littéralement dans ce cas : « Il faut savoir enterrer dignement ses morts ».

En effet, il faut avoir une attention particulière dirigée vers ceux qui, pour diverses raisons, ne vont plus « servir » l'entreprise et du même coup se trouvent désemparés. Sans cela, chacun risque de se poser des questions sur la façon dont il sera traité plus tard, ce qui peut créer un climat malsain, voire désabusé.
Toute personne a besoin d'une manifestation de reconnaissance quand elle quitte son travail pour partir en retraite, sous peine de ressentir de

l'amertume pour bien longtemps. Une parole, un geste de reconnaissance et des remerciements suffisent pour rendre leur départ serein et leur donner le sentiment du devoir accompli.
Certains ne manqueront pas de me dire qu'il est tout de même difficile de remercier quelqu'un, s'il ne donnait pas satisfaction et n'était pas apprécié ! Ce type de raisonnement a le don de m'irriter au plus haut point. En effet, il faut avoir le courage de faire des choix et de prendre ses responsabilités devant ce cas de figure :

- si la personne n'était réellement pas bonne, il fallait, bien avant et sans attendre, lui proposer un autre poste, une formation ou bien s'en séparer. Conserver quelqu'un de nombreuses années, sans chercher à l'améliorer, alors que l'on n'est pas satisfait de lui est inacceptable. C'est alors son chef direct qui est inexcusable de n'avoir pas agi ;
- en revanche, si nous avons décidé de conserver la personne, c'est que finalement, même si tout n'était pas parfait, le travail qu'elle nous apportait nous convenait.

Les remercier, c'est bien la moindre des récompenses que nous devons à des personnes qui ont quelquefois plus de quarante ans d'activité derrière elles. Ceci est d'autant plus nécessaire que l'aigreur d'un retraité, au moment de son départ, se répercute souvent sur toute la famille et l'entourage de celui-ci. Les enfants et petits-enfants peuvent eux aussi se sentir blessés et nourrir alors, à priori, un ressentiment et une rancœur vis-à-vis du monde de l'entreprise.
Pouvons-nous nous permettre de donner, par personne interposée, une image négative du monde du travail à des jeunes que l'on doit, au contraire, motiver et rassurer au moment très angoissant pour eux que représente leur entrée dans la vie active ? Il leur faut, à cette période décisive, de l'enthousiasme pour réussir et non pas des états d'âme ou des *a priori* négatifs.

Cet enthousiasme au travail, s'il est nécessaire pour démarrer une carrière professionnelle dans de bonnes conditions, doit bien entendu pouvoir se poursuivre sur la durée. Il est par conséquent totalement incompatible avec le doute ou la crainte de celui qui redoute sans cesse de se faire « passer un savon ». Il ne prendra aucune initiative, ne proposera aucune amélioration et travaillera *a minima*.

> **R8 Il faut donc admettre le droit à l'erreur. Ce doit être une notion évidente pour tous : on a le droit de se tromper, dans la mesure où l'on a fait une erreur alors que l'on cherchait à bien faire.**

Le droit à l'erreur existe, pas celui à la négligence

J'ai, à ce propos, reçu une belle leçon de droit à l'erreur par mon propre père, alors que je n'avais qu'une douzaine d'années. La vie était dure à la campagne et nous étions très peu fortunés. Nous venions juste d'obtenir l'eau courante à la maison, c'était un grand bouleversement et mes parents avaient acheté un lavabo que mon père n'avait pas encore installé. Cela représentait une dépense conséquente dont nous étions, mes frères et moi, parfaitement conscients.

Or un jour que mes parents s'étaient absentés, nous avons entrepris avec l'un de mes frères, de sceller le lavabo et de fixer la tuyauterie d'évacuation. Nous avions la certitude de faire plaisir à mes parents qui n'auraient pas manqué de dire : « Tu te rends compte, ils y sont arrivés seuls, c'est très bien ! » Il faut dire que la culture de la performance existait à la maison, ce qui était en soi une très belle chose.

Nous nous sommes donc mis au travail, et avons fixé les deux supports sur lesquels nous avons simplement posé le lavabo. Il s'agissait ensuite de sceller le conduit d'évacuation en fibrociment qui descendait jusqu'à la cave. Il était trop lourd pour moi, et je n'arrivais pas à le maintenir en place pendant que mon frère essayait de le sceller. Je l'ai donc appelé à la rescousse et nous l'avons ensemble si bien remonté qu'il a brusquement soulevé le lavabo. Le fracas que nous avons entendu, provenant de l'étage, ne laissait aucun doute : le lavabo, notre premier lavabo, était bel et bien en mille morceaux. Il s'était décroché des supports et s'était brisé sur le sol. Ce fut un moment d'intense désarroi et de culpabilité pour les gosses de douze et treize ans que nous étions. Nous avions parfaitement conscience de la perte financière que cela représentait et nous craignions fortement les réprimandes à venir. Je

me souviens que nous nous étions précipités sur nos devoirs de vacances pour avoir quelque chose de positif à présenter, espérant ainsi l'indulgence !
À leur retour nos parents ont découvert la catastrophe et ma mère a commencé à nous réprimander, mais mon père l'a interrompue aussitôt : « Ce n'est pas la peine de les gronder, ils connaissent très bien le coût du lavabo et ils savent aussi qu'ils ont commis une erreur en ne fixant pas le lavabo avant de monter le conduit. Cependant ils ont fait cela en voulant bien faire, alors il ne faut pas les réprimander, ils s'en souviendront la prochaine fois. D'ailleurs, nous referons cela ensemble ! L'important, c'est qu'ils aient pris l'initiative et qu'ils aient eu la volonté de faire les travaux... » Superbe leçon de management, n'est-ce pas ? Et surtout de la part d'un homme qui n'avait même pas son certificat d'études... Avec quelques exemples comme celui-ci, j'ai bien vite compris que le bon sens ne dépend pas du nombre d'années d'études, cela ne s'apprend pas. Le bon sens est bien le meilleur guide qui doit toujours nous éclairer sur la conduite à tenir ! Et ce bon sens, nous devons l'avoir dans l'instant, ce doit être un « **réflex** », au-delà de l'emportement du moment. Il est bien évident que si nous nous étions fait « engueuler » dans l'instant, nous n'aurions vraisemblablement plus jamais pris aucune initiative de cette nature par la suite.

Plus directement au niveau de l'entreprise, je me souviens de M. G..., régleur, qui avait décidé de modifier un outillage de presse pour des circuits électroniques afin de gagner, selon son estimation, 35 % sur la cadence de production. Malheureusement cela n'a pas marché comme prévu et il y a eu, au contraire, deux heures de production perdues. Fallait-il critiquer M. G... et dire qu'il avait été mauvais ? Bien sûr que non, cela lui aurait enlevé toute initiative pour la suite. La réaction immédiate du chef, son « **réflex** », est important. Si le chef du régleur en question avait réagi en disant spontanément : « Avec tes idées lumineuses, tu m'as fait perdre deux heures de production... et c'est encore moi qui vais me faire engueuler ! » Inutile de dire qu'une fois la chose dite, le mal est fait, et le régleur va rentrer dans sa coquille pour ne plus prendre d'initiative. Ce que nous avons fait, au contraire, a été de reconnaître que l'idée était bonne et que, sans doute, il arriverait à ce qu'il

souhaitait moyennant quelques modifications. C'est ce qui s'est passé ensuite, à la satisfaction de tous.
Toutefois, il ne faut pas être naïf au point de croire que toutes les entreprises mettent en pratique les théories qu'elles affichent sur ce sujet. Il ne manque pas d'entreprises où l'on déclare que le droit à l'erreur existe et où on la sanctionne dès qu'elle se produit. La sanction peut d'ailleurs être effective ou bien se traduire par des railleries tout aussi dévastatrices. Aussi, beaucoup de chefs s'arrangent pour que l'« expérience instructive » (6) de l'erreur ou de l'échec ait lieu ailleurs que chez eux. Ainsi ils font en sorte que surtout rien ne change, de peur d'avoir des ennuis.
Ce type de comportement conduit, certes, au risque zéro, mais aussi à l'initiative zéro et à la mort du progrès. Cela conduit à l'inévitable perte de compétitivité et aux drames qu'il peut en résulter, jusqu'à la fermeture du service ou de l'entreprise.
Réprimander quelqu'un dès que les résultats ne sont pas là, c'est le paralyser et le rendre stérile. On est sûr alors qu'il ne prendra plus d'initiative et que rien n'avancera. Lui accorder au contraire le droit à l'erreur et reconnaître ses mérites en dépit de son erreur, c'est le motiver et le faire aller de l'avant.

Il faut malgré tout dire et préciser que le droit à l'erreur n'est pas un droit à la négligence. On se posera forcément des questions fondamentales sur celui chez qui l'utilisation du droit à l'erreur deviendrait une habitude. Il s'agirait alors de remettre, avec lui, les choses dans le bon ordre.

Chapitre 3

POUR MOTIVER, ÉVITEZ D'ABORD LA DÉMOTIVATION

Nous avons vu que le droit à l'erreur constitue un élément fondamental de la motivation d'où découle l'initiative. Il est clair que de façon plus large, cette question de motivation ou de démotivation revêt un caractère essentiel dans l'entreprise. Des gourous et des théoriciens de tous horizons et de toutes tendances ont essayé de proposer des recettes miracles, mais il n'en existe pas. Les praticiens de l'entreprise, ceux qui y vivent au quotidien, savent bien qu'il n'y a que les relations et les comportements de bon sens et de tous les instants qui répondent à cette préoccupation. C'est cette notion de réflexion, traduite dans la spontanéité, que j'ai illustrée avec ce principe du management basé sur les comportements.

Le management, au sens le plus large, cherche bien évidemment l'efficacité et la performance. C'est à ce titre qu'apparaissent régulièrement des méthodes qui nous font passer à chaque fois d'une pratique à une autre, d'une « recette » à l'autre, selon les différentes modes. Par exemple : Le **management par objectifs**, suivi de la méthode **kaizen** (amélioration continue), puis le **reengineering** ou encore l'**organisation matricielle**, ensuite le **coaching** qui se cherche encore aujourd'hui, sans oublier le **benchmarking**... sont ainsi devenus successivement de véritables dogmes pour être ensuite abandonnés au profit de la mode suivante amenée par un nouveau dirigeant ! Dès lors, on comprend très bien que le chef de base ou l'opérateur de terrain puisse sourire et penser à la troisième ou quatrième expérience : « cause toujours mon lapin, j'ai déjà donné ! » En effet, on ne peut raisonnablement pas demander aux hommes de s'enflammer pour une méthode, puis de l'abandonner au profit d'une autre, et ceci de façon régulière et récurrente. Certes ces méthodes peuvent être intéressantes par certains aspects et il faut savoir en extraire la substance et les manières d'aborder tel ou tel

type de problèmes, mais elles ne sont que des moyens techniques et jamais des méthodes universelles. Elles ne peuvent jamais remplacer l'essentiel qui est bien **la qualité de la relation de l'homme à l'homme** sans laquelle aucun des outils techniques que nous venions de citer ne peut donner de résultat.
L'objectif n'est donc pas l'application d'une méthode dogmatique qu'il faut toujours démystifier. L'objectif c'est d'obtenir la motivation et l'engagement des personnes afin qu'ils aient la volonté de trouver et d'appliquer les moyens et les méthodes nécessaires **dans un contexte où ils prennent plaisir à faire ce qu'ils font**. C'est de cette manière qu'ils sont ainsi prêts à trouver les solutions en donnant le meilleur d'eux-mêmes.

Tout d'abord, une remarque que je crois fondamentale et qui commence par une question qu'il convient de se poser au moins une fois : avez-vous déjà rencontré des personnes qui viennent d'être embauchées pour un nouvel emploi et qui arrivent au travail dès le premier jour avec la ferme intention d'être désagréables, de faire leur travail le plus mal possible, de chercher à se faire détester ?
Les réponses que nous recueillons au cours des séminaires de sensibilisation sont constantes : ce type d'individu n'existe pas. La nature humaine est ainsi faite que toute personne normalement constituée cherche d'abord à éviter les ennuis. Nous préférons, tout naturellement, avoir de bonnes relations avec nos collègues plutôt que des conflits, et rentrer chez nous satisfaits de notre journée plutôt que le contraire. À l'évidence, nous rencontrons des personnes plus volontaires que d'autres, mais aucune ne recherche intentionnellement les ennuis et les problèmes, elles recherchent plutôt les satisfactions.
Je soutiens donc, sans aucune hésitation, que tout individu normal entre dans une entreprise ou dans une organisation avec une motivation correcte et l'intention de bien faire.

La question qui se pose alors est de savoir pourquoi, dans nos entreprises, certains se mettent par la suite à traîner les pieds, devenir de vrais boulets, voire des parasites ? C'est pourtant simple : la démotivation s'est installée ! Elle s'est installée tout simplement parce que l'on ne s'est pas occupé correctement de ces personnes-là.

R9	**1°) Il ne s'agit donc pas de savoir comment motiver les personnes, elles le sont naturellement.** **2°) Toute notre attention et nos actions doivent donc tendre à éviter de les démotiver et à conforter leur motivation naturelle initiale.**

Comment ne pas démotiver le personnel ?

Sur ce sujet, l'accueil que l'on réserve à un nouveau salarié est tout à fait fondamental. Je voudrais citer deux petites anecdotes qui illustrent bien cette question.

Au cours d'une réunion que j'avais initiée, portant sur l'embauche et l'accueil des nouveaux salariés, un chef de projet m'expliquait comment, alors qu'il était ouvrier, il avait été accueilli dans une autre entreprise, une dizaine d'années auparavant. Cela se passait dans une société d'environ deux cents personnes dont l'activité consistait à fabriquer des ensembles électromécaniques de petites et moyennes séries. Ce monsieur se présente donc le matin à l'heure convenue. Le poste de garde n'était pas au courant de son arrivée et ce n'est qu'après avoir demandé deux fois sa route qu'il trouva le bon atelier.

Lorsqu'il arriva enfin à la porte du bureau, la secrétaire lui demanda de patienter une demi-heure parce que le chef d'atelier était à la réunion du matin. Quand celui-ci fut revenu, il lui dit : « Ah ! C'est vous ! Tenez, allez voir le contremaître dans l'atelier, celui qui a une blouse marron, il vous dira ce qu'il faut faire. » Notre homme se présente donc au contremaître, lequel le regarde, surpris, et déclare : « Ils sont marrants dans les bureaux, je n'ai besoin de personne en ce moment ! » Finalement notre homme n'a été mis au travail que le lendemain et c'est un autre ouvrier qui lui a expliqué ce qu'il avait à faire, de façon très sommaire d'ailleurs.

Ses premiers travaux ont été jugés défectueux et ont dû être repris par quelqu'un d'autre. Cela n'était guère étonnant en raison de l'insuffisance des informations reçues sur le travail à effectuer et la qua-

lité attendue. Le nouvel embauché s'est donc vu adresser des reproches dès le premier jour, alors même que les moyens de remplir correctement sa mission ne lui avaient pas été donnés. Il m'a dit en avoir été très marqué et, quelque part, furieux vis-à-vis de son nouvel employeur.
C'est ainsi que notre homme aurait très bien pu se désintéresser de son travail, adhérer au syndicat pour se protéger et devenir très revendicatif. En fait, quelques mois plus tard, il avait trouvé un autre emploi et a démissionné, il ne voulait pas rester dans cette entreprise. Ne soyons pas étonnés de récolter ce que nous semons !

Il faut d'abord réussir l'accueil

Le deuxième exemple que je veux citer se passe à la société Thécla, (700 personnes) que je dirigeais alors. Il est à l'inverse du cas précédent mais tout aussi exemplaire.
Nous avions besoin d'un technicien (niveau Bac + 2). Le directeur technique était en charge de ce recrutement. Il vint me voir quelques semaines plus tard pour me dire : « J'ai un candidat que nous pourrions peut-être embaucher, mais comme il est un peu spécial, je souhaiterais que vous le rencontriez d'abord. »
J'ai donc rencontré ce monsieur, qui était effectivement spécial. Proche de la trentaine, habillé tout juste correctement, il portait des boucles d'oreilles et des cheveux très courts avec une crête violette ! Ce n'était pas précisément le *look* que nous recherchions ! L'homme paraissait cependant posséder un bon niveau et avait la formation adéquate. De plus, nous le sentions assez bien au niveau de ses prédispositions. Nous avions toutefois un sérieux problème : en trois années de travail, il avait « fait » cinq employeurs différents. Nous en avions questionné deux qui nous avaient donnés la même réponse : « socialement inadapté ! » Il n'était donc pas évident de prendre une décision positive.
Nous avons tout de même décidé de l'embaucher en CDI, car son chef de service était d'accord, mais avec la conviction qu'il fallait soigner tout particulièrement son accueil et son intégration. C'est pourquoi nous n'a-

vons rien négligé : livret d'accueil avec commentaires, tuteur, stages dans les différents services périphériques, formation aux produits et aux exigences clients, etc.
Notre homme n'a ainsi réellement démarré sa fonction que huit à dix semaines plus tard. Tenu ensuite au courant par son directeur, je savais que son intégration était satisfaisante, qu'il était accepté dans l'entreprise et qu'il faisait du bon travail.
À l'occasion d'une rencontre quelques mois plus tard, je lui ai dit : « Je vois avec satisfaction que les choses se passent bien pour vous, je suis content que vous soyez avec nous, désormais vous faites partie de la grande famille, c'est bien ! » Et il m'a répondu : « Vous savez, Monsieur, j'ai été accueilli ici comme cela ne m'était jamais arrivé avant. Tout le monde a pris beaucoup de temps pour m'expliquer le travail et l'entreprise, et j'avais vraiment à cœur de donner satisfaction, j'ai beaucoup de plaisir à travailler ici. »

Ces deux exemples illustrent, de façon claire, l'importance majeure de l'accueil. Il va conditionner en grande partie l'intégration et le devenir du salarié. Si le démarrage est bon, il y a de fortes chances pour que la suite soit aussi bonne.

Il est toutefois une précision utile à donner en ce qui concerne les embauches. Lorsque le besoin a été clairement défini, c'est généralement le service du personnel qui reçoit les candidatures et fait une première sélection. C'est ensuite le chef direct du futur salarié qui doit recevoir les trois ou quatre candidats retenus, afin de faire le choix définitif. Même si, logiquement, les candidats sont vus également par deux à trois hiérarchiques afin de comparer les jugements, c'est toujours le chef direct qui doit décider en dernier lieu et choisir qui il embauche.
C'est lui qui choisit pour des raisons toutes simples : s'il s'est trompé, il ne pourra s'en prendre qu'à lui-même et il sera d'autant plus vigilant la prochaine fois. De plus, il sait mieux que quiconque ce qu'il attend du nouvel embauché, et c'est lui qui va devoir faire avec ! Les règles sont donc les suivantes :

R10 **1°) Après la procédure de sélection, c'est toujours le chef direct qui, au final, doit décider de l'embauche.**
R11 **2°) Il faut d'abord réussir l'accueil pour que le nouvel embauché réussisse. La procédure d'intégration est donc décisive.**

Nous avons vu l'embauche et l'accueil ; qu'en est-il ensuite de la vie courante dans l'entreprise ? Nous pouvons aborder maintenant le rôle de la hiérarchie, ses attributions, ses prérogatives et ses devoirs, avec un seul objectif : comment obtenir l'implication et maintenir la motivation du personnel et des équipes ? La réponse première est toujours la même : commençons déjà par éviter de les démotiver !

Les ratés et les erreurs à éviter : inventaire !

Voyons donc par quelques exemples simples ce qui peut provoquer cette démotivation tant redoutée qui, non seulement à terme peut mettre en cause le devenir de l'entreprise, mais tout d'abord, rend la vie quotidienne particulièrement pénible.

- C'est le chef qui ne sait pas, ou ne peut pas, donner de réponses aux questions posées par son personnel. On ne lui a pas transmis les informations nécessaires.
- C'est le chef qui ne peut pas, ou n'arrive pas, à faire exécuter un travail de sécurité par les services compétents. Le délégué le peut, lui, car il va interpeller directement le patron.
- C'est le chef qui ne veut pas, ou ne veut plus, prendre position sur telle ou telle question, parce qu'il est souvent « by-passé » ou désavoué. Il a bien voulu auparavant, mais maintenant, il ne veut plus.
- C'est une réponse négative donnée par un chef à un employé, alors que le délégué qui va râler un bon coup à la direction obtiendra, lui, une réponse positive pour la même question.
- C'est le délégué du personnel qui sait donner les réponses que ne connaît pas le chef sur les horaires, les congés, les règlements, les résultats de l'entreprise…

- C'est le créateur de la start-up, ou de l'entreprise, qui s'attribue la paternité des idées de ses collaborateurs.
- C'est le directeur qui se rend dans l'atelier sans saluer le chef d'atelier ou le chef d'équipe… et le personnel de penser que le chef a bien peu d'importance ! « D'ailleurs, si j'ai un problème, en déduit le subordonné, il vaut mieux que j'aille directement à la direction ! »
- C'est le bureau des méthodes qui vient sur le poste de travail modifier le processus opératoire sans en informer le chef, lequel, bien sûr, va perdre les pédales et sera déconsidéré.
- C'est le directeur commercial, ou le chef des ventes, qui accompagne le commercial sur le terrain et qui négocie les prix ou accorde des remises commerciales hors normes ! Désormais le client appellera directement le chef des ventes puisqu'il fait de meilleurs prix. Bientôt celui-ci, agacé, dira à son commercial : « Mais occupez-vous de vos clients, ils n'arrêtent pas de m'appeler ! »
- C'est le responsable administratif en charge d'un dossier, qui n'est pas informé de décisions importantes et se trouve ainsi en porte-à-faux.
- C'est celui que l'on réprimande vertement pour une erreur alors qu'il cherchait à bien faire. Il est certain qu'il ne prendra plus d'initiative !
- Ce sont ces gens pourtant responsables qui ouvrent le parapluie et cherchent à se protéger en ne prenant aucune position ferme, puis, s'il y a un problème : « Je vous l'avais bien dit !... »
- C'est le chef direct à qui on ne reconnaît pas le pouvoir d'accorder une demi-journée à un salarié pourtant très méritant. Et le salarié de penser : « Ce n'est pas la peine de se défoncer pour lui faire plaisir au chef ! »
- C'est enfin quand les manquements aux règles ne sont plus relevés. Que, par exemple, certains quittent leur poste avant la fin du service ou arrivent en retard sans que personne ne dise rien…
- C'est alors que les débordements les plus inattendus peuvent survenir puisque l'autorité ne s'exerce plus. L'entreprise ou l'organisation est alors en danger !

Je pourrais bien entendu multiplier les exemples. De votre côté, sans doute, en avez-vous d'autres qui vous viennent à l'esprit. On comprend

assez facilement ce qu'il faut faire et ne pas faire pour éviter tous ces problèmes de management. En effet, si l'on n'y prend garde, les chefs et les différents personnels peuvent totalement abdiquer. Ils peuvent se replier sur eux-mêmes, être envahis par le doute, perdre toute initiative, toute volonté et toute motivation.
C'est d'ailleurs quand on se retrouve dans cette configuration que l'entreprise devient la plus fragile et que tout peut arriver. En effet, ce sont ces défis permanents à l'autorité ou aux règles morales qui font que le doute s'installe. On ne sait plus qui a tort ou raison, on a peur de se tromper et de se faire critiquer. En résumé : on a peur, tout simplement !
Les caractères disparaissent, le sens des responsabilités s'émousse et on ouvre le parapluie, on cherche à se protéger, puis on se tait.
On se retrouve alors dans un cas de figure décrit par Trotski : « Dès que la majorité se tait parce qu'on l'a fait se taire, alors il faut la faire parler » (2) Et c'est ainsi que des minorités syndicales, politiques, confessionnelles, professionnelles ou sectorielles peuvent prendre le pouvoir, de fait, sans avoir aucune responsabilité. Ceci est possible puisque la majorité des personnes sont dans le doute, elles ont peur et se taisent. Une minorité peut alors leur faire dire ce qu'elle veut en parlant à leur place.
Tout ceci peut parfaitement arriver et arrive le plus souvent, insidieusement, sans que personne ne l'ait voulu et sans que l'on s'en rende vraiment compte.

R12 Le doute, la perte de motivation et le découragement des chefs et du personnel découlent uniquement du non-respect des règles éthiques et comportementales.

Il faut respecter les personnes et les pouvoirs, lesquels doivent être à la hauteur des responsabilités. Sans reprendre mot pour mot les différents travers cités ci-dessus, il me paraît utile de donner quelques règles ou méthodes pour réagir. Elles ont fait leurs preuves quand il s'agit de rétablir une situation ainsi détériorée ou, plus simplement, pour éviter d'en arriver aux cas ci-dessous.

La hiérarchie ne doit pas tomber dans le piège de se laisser accaparer par les urgences et les tâches techniques, commerciales ou administratives. L'écoute des personnes et les tâches humaines doivent toujours rester prioritaires. Le personnel, trouvant une oreille attentive et des réponses à ses questions, sera alors en capacité de régler lui-même les tâches techniques, commerciales ou administratives par ses propres moyens. Ainsi, il y aura moins d'urgences et le chef pourra retrouver du temps pour s'occuper de son personnel.

Les tâches humaines doivent toujours être prioritaires, car elles sont nécessairement importantes même si elles ne sont pas forcément urgentes. (2)

Toutes les questions doivent pouvoir être posées et recevoir obligatoirement une réponse par le chef direct à qui il appartient d'aller chercher la réponse si nécessaire. Il est en effet hors de question d'attendre que le salarié aille s'adresser au délégué du personnel parce qu'on n'a pas répondu à sa question.

R13 Si mon chef sait répondre à mes questions, s'il sait m'aider quand j'en ai besoin, s'il sait débrouiller pour moi des situations difficiles, alors, de mon côté, je ferai de mon mieux pour lui donner satisfaction au quotidien dans le travail.

Le savoir et le pouvoir sont indissociables.

Le savoir, c'est le pouvoir !

Le chef ne doit pas faire le travail à la place de son personnel, même s'il a peur qu'il ne soit pas réalisé de façon optimale. Il doit au contraire déléguer les tâches à l'échelon le plus bas possible. Le personnel ressentira d'ailleurs cela comme une marque de confiance et trouvera davantage d'intérêt au travail. Il pourra ainsi plus facilement s'épanouir et réussir. Dans le même temps, le chef pourra alors s'occuper de tâches plus importantes... et de son personnel.

Le rôle de la direction est notamment de veiller à donner à tous les niveaux hiérarchiques des pouvoirs pour assurer leurs responsabilités.

Le salarié doit pouvoir trouver toutes les réponses et décisions dont il a besoin auprès de son chef direct.

Les tâches humaines, d'abord !

On peut ainsi décliner un certain nombre de règles qui sont impératives si l'on veut garder intacte la motivation. Il s'agit finalement des pouvoirs qui sont nécessaires au chef direct, qu'il soit directeur, chef de service, chef de bureau ou chef d'équipe :

R14 **1°) C'est le chef direct qui doit avoir l'initiative et le pouvoir des sanctions positives ou négatives.**

R15 **2°) C'est le chef direct qui décide en dernier lieu de l'embauche ou du licenciement après avis des autres responsables.**

R16 **3°) C'est le chef direct qui doit pouvoir décider d'accorder une demi-journée de récupération.**

R17 **4°) C'est le chef direct qui peut dans certains cas interpréter le règlement : bien entendu, on va retenir une demi-heure à celui qui se présente avec plus d'un quart d'heure de retard le matin, car c'est la règle. Mais si M. Durand qui a toujours été à l'heure depuis dix ans, arrive un jour en retard avec, de plus, une bonne raison, le chef pourra décider de faire une exception et de ne rien retenir du tout.**

R18 **5°) C'est le chef direct qui doit pouvoir décider d'accorder une avance sur le salaire dans des cas particuliers.**

R19 **6°) C'est le chef direct qui doit apporter à son personnel toutes les informations sur la marche de l'entreprise, les résultats, les projets de développement, l'actualité...**

De façon claire, c'est le chef direct qui doit s'occuper de tout ce qui concerne son personnel, et personne d'autre. **En quelque sorte le chef est à la fois l'entraineur et le soigneur, mais aussi l'arbitre de son équipe**. Cela impose, bien entendu, que la hiérarchie supérieure accorde au chef tous les pouvoirs et la considération nécessaire pour qu'il puisse remplir correctement sa mission et notamment :

Le chef ne doit jamais être court-circuité ni désavoué

C'est aussi le cas lorsqu'une question est posée directement par un délégué à la direction.
Prenons un exemple : la question posée par le délégué est la suivante : « M. Martin, qui travaille au service après-ventes, va-t-il pouvoir changer au dernier moment ses dates de congés pour raison familiale ? »
La direction ou le service du personnel, s'ils sont questionnés directement, doivent faire la réponse suivante et aucune autre : « Est-ce que M. Martin en a parlé à son chef direct ? » Trois cas de figure se présentent alors :

1) Non, il ne lui en a pas parlé. Hé bien, qu'il lui en parle ! C'est lui qui lui donnera la réponse. En effet, c'est lui qui doit organiser le service et il sera tenu pour responsable si cela ne marche pas correctement pendant les congés.
2) Oui, il lui en a parlé, mais il a refusé. Alors, c'est non. Il n'y a pas de problème, et ce sera non tant que son chef n'aura pas dit autre chose, car seul le chef peut changer sa décision.
3) Oui, il lui en a parlé et le chef a dit « oui » ! Alors, c'est oui. Et cela ne sera pas remis en cause par quiconque.

Le pouvoir et la responsabilité sont indissociables

R20 On ne désavoue jamais un chef. Ce serait remettre en cause sa crédibilité et lui faire perdre autorité et pouvoir.

J'ai sur ce sujet un exemple significatif qui me vient de la période passée dans l'Éducation nationale. Après mes études d'ingénieur, j'enseignais à des classes de techniciens supérieurs. Dans une classe, l'un des élèves était un perturbateur dont je n'ai pas accepté le comportement. Nous étions au début de l'année scolaire et à la fin du cours, devant ses camarades, je lui ai dit que je ne le recevrai plus en classe pour les quinze jours à venir, qu'il pouvait rester chez lui. J'ai même précisé que si ce n'était pas suffisant, si son attitude persistait, ce serait pour trois mois et ensuite pour toute l'année si nécessaire.

Il est parti en me disant : « Vous ne pouvez pas ! Vous n'avez pas le droit ! Je vais voir le proviseur et je reviendrai en cours la semaine prochaine ! » Dès l'après-midi, à 14 heures, je suis convoqué par le proviseur : « Monsieur Soriano, vous ne pouvez pas exclure un élève pour quinze jours comme cela, de votre propre initiative. Il faudrait réunir un conseil de discipline, mais les faits ne le justifient pas... Il vous faut donc admettre l'élève en cours, vous ne pouvez pas faire autrement. Juste après la rentrée, ce n'est pas le moment de faire des vagues ! Je ne veux pas avoir l'inspection académique sur le dos et puis, ce ne serait pas bon pour vous [sous-entendu : pour votre avancement]. »

Je n'avais que vingt-quatre ans, mais j'ai senti qu'il fallait éviter la confrontation et j'ai eu le bon « **réflex** ». Je lui ai alors répondu calmement : « Monsieur le proviseur : il faut que vous sachiez que cette année sera la seule et unique que je ferai dans l'enseignement, parce que je prépare un diplôme de management et que l'année prochaine, je partirai dans le monde industriel. Mon avancement n'a donc pas vraiment d'importance. En revanche, ce qui compte pour moi, c'est que mes cours puissent avoir lieu dans le calme et l'efficacité. Aussi il faut que vous choisissiez, si l'élève devait retourner en classe, contre ma décision, c'est moi qui ne ferais pas cours et je le ferais savoir ! Ma position n'est pas négociable, car il y va de mon autorité et du calme dont j'ai besoin pour enseigner de façon efficiente. »
Je vous passe les détails de la discussion, mais elle fut tout autant musclée que savoureuse.
Au final, l'élève en question a bel et bien été exclu de mes cours pour quinze jours, car je n'ai pas transigé et l'Administration ne pouvait avoir aucune prise sur moi. Par la suite le perturbateur ne m'a plus posé de problème, ni lui ni ses camarades, d'ailleurs. Mon autorité s'était installée et j'ai poursuivi mes cours dans un climat serein et studieux, pour l'intérêt commun bien compris.

Mais que se serait-il passé si j'avais eu le projet de poursuivre une carrière d'enseignant ? La pression aurait été telle que, vraisemblablement, j'aurais dû me résoudre à ne pas appliquer la sanction. J'aurais dû admettre que j'étais désavoué. On imagine aisément ce qu'il serait

advenu de mon autorité et de l'ambiance qui aurait régné dans la salle de classe.
C'est ainsi que, désavoués par l'Administration ou tout simplement certains de ne pas être soutenus en cas de coups durs, bien des enseignants baissent pavillon. Ils subissent quasiment la loi et les sarcasmes d'élèves qui ne connaissent ni l'autorité parentale ni celle du professeur qui devrait pourtant être infiniment respecté et soutenu par l'autorité supérieure.
Faute de laisser autorité et pouvoir aux différents niveaux hiérarchiques de la fonction publique, faute aussi d'assurer les contrôles et la surveillance qu'imposerait cette délégation, il n'y a plus de responsabilité, car il n'y a plus de pouvoir.
De ce fait, progressivement, la dégradation de nos services publics a atteint un niveau qui n'est plus acceptable. Fort heureusement, il semble qu'il y ait une certaine prise de conscience et que des inversions de comportement soient de plus en plus fréquentes. Je vois notamment des chefs d'établissements scolaires qui mettent une énergie considérable, avec leurs enseignants, à rétablir des situations qui étaient devenues quasiment dramatiques. L'espoir du redressement est donc permis. Je veux y croire, pour peu que l'Administration centrale et les décideurs politiques qui sont au-dessus sachent, dans l'enseignement mais aussi dans les autres administrations, appuyer, conforter la démarche, et devenir eux-mêmes moteurs et non pas freins !

Pour en revenir plus directement à l'entreprise, nous avons vu que l'autorité et la responsabilité du chef sont intimement liées aux pouvoirs qui lui sont accordés. Nous avons vu que le chef ne doit jamais être désavoué par la hiérarchie supérieure, sans quoi il perd ses pouvoirs et son autorité, ce qui entraîne son irresponsabilité.
Pour autant, cela ne veut pas dire que le chef soit infaillible ! En effet, le chef, comme tout homme, est parfaitement capable de se tromper ou de commettre une injustice !
Si tel est le cas, ce sera à lui et à personne d'autre de reconnaître son erreur et de modifier sa décision. Bien entendu, la hiérarchie supérieure et la direction peuvent ou doivent intervenir au niveau du chef pour l'aider, si nécessaire, à comprendre son erreur et à rectifier les choses.

Mais en aucun cas ils ne peuvent remettre directement en cause sa décision, ce doit être un « **réflex** » de retenue. Ce serait détruire son autorité, lui enlever ses pouvoirs et sa responsabilité. Cela n'empêche qu'une erreur reste une erreur, et celui qui l'a commise est évidemment tenu de la rectifier.

R21 **1°) Le déshonneur c'est persister dans son erreur, l'honneur c'est la reconnaître.**
2°) Celui qui a commis une erreur doit la reconnaitre et ceci le plus tôt possible et de façon spontanée.

Il doit être clair pour tous que le « chef du personnel », dans un atelier ou dans un bureau, est le chef du service et non pas le directeur du personnel comme on le nomme quelquefois. D'ailleurs, pour éviter toute confusion, la plupart des entreprises l'ont bien compris et elles parlent non pas du directeur du personnel, mais du directeur du service du personnel ou du directeur des relations humaines.
Il est alors l'instigateur d'une politique du personnel et d'une gestion générale du personnel. Il est à l'écoute des différents chefs de service pour les assister, les conseiller et les accompagner dans la gestion du personnel, sans se substituer à eux.
Le manager ou le chef, à quelque niveau hiérarchique que ce soit, doit donc se trouver en possession de toutes les informations et des pouvoirs nécessaires à la bonne exécution de sa mission. Il convient ici de rappeler que le chef qui dispose des dits pouvoirs et informations porte aussi la responsabilité. Il faut ainsi toujours lier pouvoirs et responsabilité (2), c'est de loin la meilleure parade contre tous les abus de pouvoir. En effet, on ne peut pas concevoir, sauf peut-être dans le monde politique – et encore pas toujours – que celui qui a le pouvoir, celui qui décide, puisse ne pas supporter les conséquences de ses décisions et rendre des comptes.

Je voudrais toutefois apporter une précision d'importance au sujet des nombreuses décisions que doit en permanence prendre un responsable. Là aussi, le droit à l'erreur existe. Sans cela, on risque d'en arriver très rapidement à ces décideurs qui ne décident plus rien de peur de se tromper et de se trouver critiqués ou mis en cause. Le droit à l'erreur existe donc pour le chef aussi, et il est fondamental. Il faut simplement que ceux-ci ne fassent pas preuve de négligence ou de désinvolture. Il faut qu'ils aient essayé de résoudre honnêtement le problème posé, en cherchant à bien faire.

Aucun homme n'étant infaillible, on mesure bien vite, dans toute organisation comme dans l'entreprise, l'importance de la collégialité. Cela passe par les consultations, les études et les avis nécessaires avant une prise de décision importante. Celle-ci se fait au final par le responsable, par le chef, en son âme et conscience.

Chapitre 4

AVOIR OU REPRENDRE L'INITIATIVE, MAIS DÉCIDER !

La fonction même de chef ou de dirigeant, nous venons de le voir, c'est de diriger, de prendre des décisions, d'être à l'avant-garde. La perte de l'initiative équivaut à une perte de pouvoir. Le chef qui n'a plus l'initiative ne peut plus diriger, il ne peut plus jouer son rôle, il n'exerce plus son métier : il subit.

Il est donc majeur que le chef fasse en sorte de garder l'initiative ou la reprenne au plus vite si d'aventure, il venait momentanément à la perdre...

Ne jamais subir

Je suis souvent surpris par la difficulté que certains éprouvent à prendre des décisions, ou par ceux qui n'en prennent pas de peur de se tromper. Ne rien décider, c'est laisser les événements – ou pire, les autres – décider à votre place des choses qui peuvent fort bien ne pas vous convenir.

Ainsi, dans le domaine de l'environnement, par exemple, un cas de figure fréquent par lequel beaucoup d'entreprises se laissent dépasser est le domaine des pollutions éventuelles dont elles seraient à l'origine. Il leur arrive ainsi de perdre toute initiative et de perdre le pouvoir.
Lorsqu'une installation industrielle doit être arrêtée en raison de rejets accidentels non conformes (gazeux, eaux usées, boues d'épuration, etc.), les pertes pour l'entreprise peuvent être considérables. Pour autant, ces conséquences ne justifient pas des atermoiements ou une inertie à la décision. Il faut être clair, il est hors de question d'accepter

des rejets hors normes ! Malheureusement, l'entreprise va parfois essayer pendant plusieurs heures ou quelques jours d'arranger les choses tout en poursuivant l'exploitation. Au final, ce sera la préfecture ou la direction régionale de l'industrie, de la recherche et de l'environnement (DRIRE) qui ordonneront l'arrêt de l'usine.
Au-delà des pénalités, des poursuites pénales encourues et des risques environnementaux, la conséquence est inéluctable : puisque ce sont les autorités qui ont ordonné l'arrêt, ce sont elles qui autoriseront le redémarrage... Peut-être quinze jours après, parfois bien plus !
Au contraire, si le directeur du site prend lui-même la décision d'arrêter, dès que cela ne va pas, c'est lui qui prendra la décision du redémarrage. Il gagnera toujours beaucoup de temps par rapport à un arrêt imposé par l'administration et, de plus, la crédibilité de l'entreprise s'en trouvera grandie.
J'ai été confronté à cette question dans plusieurs usines. Il n'est pas toujours aisé de faire comprendre aux responsables de sites la nécessité de prendre l'initiative. Ils essayent à chaque fois d'éviter un arrêt, ce qui est malgré tout bien compréhensible. On peut dire dans ces cas-là que, faute d'avoir exercé suffisamment tôt sa capacité de décision, le chef va perdre toute initiative et toute liberté. Il y a alors substitution de pouvoir. Il va subir.
Là aussi on se retrouve, comme dans bien des cas précédents, dans la procédure de réflexion préalable. Il faut avoir compris le processus et les enjeux, et en être bien imprégné, pour ne plus tergiverser et être capable d'avoir le bon « **réflex** ».

Je voudrais maintenant vous présenter un cas de reprise d'initiative intéressant par sa complexité, où il y a eu interaction entre l'administration, la politique, les syndicats et l'entreprise. En résumé, un cas où tous les protagonistes sont intervenus.

Je venais d'être nommé directeur général de la société Technifil, située à Lisieux dans le Calvados. Cette société avait été reprise en situation difficile par le groupe qui m'employait. En effet, les fabrications se répartissaient dans une dizaine de bâtiments construits au fil du temps le long des méandres de la rivière, ce qui engendrait de très nombreuses ruptures de production et de multiples manutentions, donc des délais et coûts rédhibitoires. Il était devenu vital d'installer la production sur un site approprié et j'avais trouvé une usine disponible qui convenait. Elle était située à Nevers, le fief de Pierre Bérégovoy, à l'époque ministre de l'Économie et des Finances. Il s'agissait d'une ancienne usine Alsthom. Les syndicats et moi-même étions conscients que tous les salariés ne pourraient ou ne voudraient pas déménager et malgré l'aspect vital du projet, certains mouvements sociaux étaient apparus. D'ailleurs, le déménagement n'a finalement pas eu lieu et l'entreprise a périclité avec perte de la majorité des emplois. C'était prévisible !

Mais pourquoi cela ne s'est-il pas fait ? Au-delà de l'intérêt de la reprise de l'initiative et les « **réflexs** » qui furent nécessaires, l'histoire mérite aussi d'être racontée.

Le département et la région de Nevers, avec l'aide de Pierre Bérégovoy, étaient prêts à nous accueillir et à aider financièrement notre installation dans cette région. Or cela se passait à l'approche des élections municipales et, peu avant celles-ci, Yvette Roudy, ancienne ministre d'un gouvernement de François Mitterrand, s'est portée candidate à la mairie de Lisieux où était localisée Technifil. Sa candidature changeait la donne et j'ai alors été convoqué au ministère de l'Économie par un proche collaborateur de Pierre Bérégovoy. Celui-ci m'a longuement expliqué qu'il fallait attendre le résultat des élections municipales avant de décider de déménager l'entreprise.

Le « marché » présenté était le suivant : si Yvette Roudy ravissait la mairie de Lisieux à la Droite, alors il n'était pas question d'enlever une entreprise à une mairie de Gauche. À l'inverse, il n'y avait bien entendu aucun problème !

Il était clair que l'intérêt de l'entreprise et la pérennité des emplois n'avaient strictement aucun poids aux yeux des politiques.

La mairie fut effectivement emportée par Yvette Roudy. Il n'était donc plus question de déménager à Nevers, ni ailleurs du reste. « Messieurs, débrouillez-vous !… » Dans ces conditions, le groupe décida de vendre la société, ce qui fut fait quelques mois plus tard, et j'ai alors quitté l'entreprise. Par la suite, faute d'une activité industrielle rentable, le déclin s'est logiquement produit avec les conséquences inévitables sur l'emploi.

Avant les élections, sous la pression syndicale politique et médiatique, la sous-préfecture avait décidé d'organiser une réunion avec la participation d'Yvette Roudy et des représentants des ministères intéressés. J'ai alors appris par la presse ma convocation à cette réunion qui était programmée trois jours après ! Ce n'est que le lendemain de cette parution que j'ai reçu un fax de la sous-préfecture me demandant de participer à cette réunion. J'ai répondu à M. le sous-préfet en lui disant à peu près ceci : « J'ai été surpris d'apprendre par la presse ma convocation à une réunion en sous-préfecture. Je n'ai en effet pas l'habitude d'être convoqué de cette manière. J'ai en revanche l'habitude que ce type de sujet soit traité par l'entreprise et par personne d'autre. »
Ce fax fut interprété, à raison, comme un refus de me rendre à cette réunion. Les syndicats furent aussitôt informés de ma réaction par la préfecture ! Dans l'après-midi, le directeur du service du personnel, littéralement affolé, me téléphona : « Monsieur Soriano, j'apprends qu'une dizaine de représentants du personnel se rendent à votre bureau : ils ont décidé de vous séquestrer pour vous contraindre à assister à la réunion de la sous-préfecture ! » Je n'avais pas encore raccroché que j'entendis la porte du rez-de-chaussée s'ouvrir et un brouhaha résonner dans l'escalier. Aucun doute possible, il s'agissait des syndicalistes qui montaient à mon bureau pour me séquestrer... Diable ! J'avais une dizaine de secondes, tout au plus, pour mettre en pratique une règle à laquelle je crois dur comme fer : ne jamais subir, toujours reprendre l'initiative !

Mais que faire pour ne pas être séquestré et ne pas perdre la face ?
Cinq à six secondes me suffirent alors pour réagir. J'avoue, *a posteriori*, m'être un peu étonné moi-même. Fallait-il que cette conviction profonde selon laquelle il ne fallait jamais subir fût ancrée en moi pour que ma réaction soit aussi rapide ! Il était impératif que cela soit un quasi-« **réflex** » et ce le fut.
J'ai ouvert brutalement la porte de mon bureau pour me trouver face à une dizaine de gaillards remontés. Ils ont eu un moment d'arrêt en me voyant aller vers eux et dire d'une voix ferme : « Vous êtes là, c'est bien ! Justement, je voulais vous rencontrer. Je viens d'informer le directeur du service du personnel que je veux voir tout le personnel d'ici un quart

d'heure dans le grand atelier, machines arrêtées. J'ai des choses importantes à vous dire. Allez ! Prévenez vos collègues, je vous retrouve dans un quart d'heure... » Je me suis alors dirigé vers la comptabilité, à l'opposé de mon bureau, bien sûr. Il fallait que je feigne d'ignorer leurs intentions initiales ! Ils ont eu un moment d'hésitation, se sont regardés, puis sont repartis pour prévenir leurs camarades de la réunion... Ouf ! J'avais repris l'initiative et évité un blocage total.

R22 Le « réflex » qui avait présidé à ma réaction est simple, mais il est majeur en position de blocage, il s'agit de l'avoir toujours présent à l'esprit. Quand on ne se comprend pas, quand « ça coince », il faut parler à nouveau, se réunir, parler encore ...
Je n'ai rien fait d'autre qu'appliquer ce « réflex » que je m'étais préalablement approprié. C'est tout simple, mais pas évident de réagir de la sorte dans l'urgence si on n'est pas « formaté » pour cela.

J'ai alors prévenu le chef du personnel de la réunion et griffonné quelques idées sur un papier, puis la réunion a eu lieu. Micro en main, j'ai à nouveau expliqué aux quelque trois cents personnes réunies le pourquoi du projet de délocalisation, lu le fax de la sous-préfecture et précisé que même si je n'approuvais pas la façon de me convoquer, je me rendrai bien entendu à cette réunion. Les esprits se sont calmés... jusqu'à la réunion en sous-préfecture, le lendemain soir à 18 heures. Cette réunion mérite, elle aussi, d'être racontée, car elle est riche d'enseignements en matière de management. Avant cela, je veux rester quelques instants sur cette reprise d'initiative qui m'a évité d'être séquestré. Il faut noter qu'à aucun moment je n'ai envisagé la solution de prendre la fuite. Je crois réellement que ce n'était pas la chose à faire, car c'était admettre que le patron pouvait être traqué. Cette idée était totalement inacceptable, il fallait faire face et ne pas se prêter au jeu.
Durant la période où je dirigeais une autre société, la société Thécla, j'avais remarqué la présence d'une échelle sur la terrasse, juste sous la fenêtre du bureau de la direction générale. Sans doute avait-elle été placée là par l'un de mes prédécesseurs pour avoir un moyen de fuite en cas de problème. Je n'ai jamais envisagé de l'utiliser. Il faut refuser l'idée selon laquelle le président où le directeur pourrait être l'objet

d'une contrainte par corps. Il existe d'ailleurs une parade légale infaillible pour le cas où des salariés ou des syndicalistes en viendraient à cette extrémité inacceptable. Le président ou le directeur, privés de leurs mouvements ou séquestrés, doivent dans l'instant se voir retirer toute capacité de négociation ou de décision par le niveau hiérarchique supérieur ou par le Conseil d'administration si nécessaire. Cela contraint alors les salariés à laisser à nouveau le dirigeant maître de ses mouvements s'ils veulent avoir un interlocuteur pour discuter et négocier.

Revenons maintenant à notre réunion en sous-préfecture de Lisieux. Je m'y suis donc rendu. Au même moment une manifestation en ville rassemblant plus de trois cents personnes de l'entreprise bloquait la circulation. Ce cortège s'est ensuite rendu à la sous-préfecture pour attendre, devant les grilles, la fin de la réunion. Celle-ci a duré environ deux heures.

Le contenu de la réunion présente peu d'intérêt, mais le plus intéressant est la manière dont elle s'est achevée ! En effet, chacun devait quitter les bâtiments et rentrer chez soi. Mais dans quelles conditions, alors même qu'un peu plus de trois cents personnes étaient installées devant les grilles et vociféraient des slogans ? J'ai suggéré à M. le sous-préfet qu'il reçoive quatre ou cinq représentants du personnel et leur fasse un rapide compte rendu de la réunion. Je pensais que cela mettrait un point final à cette manifestation. Oui, mais M. le sous-préfet n'était pas à l'aise, d'autant que je maintenais le projet de déménagement. Il a estimé qu'avec tout ce monde massé devant les grilles, il était risqué de le faire dans l'instant. Il préférait différer. Les participants à la réunion, n'osant pas sortir, étaient en quelque sorte pris au piège dans la sous-préfecture. Cela ne me convenait pas et n'était pas conforme à ma façon de concevoir les choses. Une nouvelle fois, je n'avais pas envie de subir. J'ai alors salué la quinzaine de personnes qui assistaient à la réunion, Mme Roudy, M. le sous-préfet, le député,... et j'ai décidé de sortir.

Ils m'ont regardé avec de grands yeux ahuris, pensant que j'étais sans doute un peu fou, mais curieux de voir ce qui allait se passer. Je n'ai pas pris la porte de derrière comme on me le proposait, car je savais

que les manifestants y seraient aussi, et ils y étaient, évidemment.
Il fallait y aller franchement et c'est ce que j'ai fait ! J'ai traversé le jardin. Le gardien m'a ouvert et je suis sorti. Les clameurs se sont tues. Ils m'ont demandé comment cela s'était passé. Je leur ai indiqué que j'avais redit ici ma position de la même façon que lors de notre dernière réunion dans le grand atelier. Pour ce qui était de la position des politiques, j'ai répondu que c'était à eux de la leur communiquer. Puis, je suis tranquillement rentré chez moi.
Les trois cents personnes restées devant les grilles se sont excitées en voyant que personne ne venait leur parler. Cela a duré une bonne partie de la nuit, laquelle a dû paraître bien longue aux personnes présentes à la réunion qui ont été contraintes de camper dans la sous- préfecture. Finalement, les plus excités des manifestants ont mis le feu à une porte en bois de la sous-préfecture... Pompiers, CRS, bombes lacrymogènes... Vous devinez aisément ce qui se passe dans ces cas-là. Alors qu'il eût été si simple de recevoir trois ou quatre personnes dès la fin de la réunion pour un rapide compte rendu !

R23 1°) **Réellement, il ne faut jamais reculer devant la difficulté. On gagne toujours à l'affronter, directement et le plus vite possible, avant qu'elle n'enfle.**

R24 2°) **Lorsqu'il s'agit de difficultés humaines, il faut expliquer, dire, parler, mais garder une exigence toujours présente à l'esprit et la respecter impérativement : parler vrai, être honnête et loyal dans son propos, même si on n'est pas nécessairement de l'avis des autres.**

Être vrai et honnête pour être respecté

Voici maintenant quelques autres exemples vécus, de situations auxquelles un dirigeant peut aisément se trouver confronté et auxquelles il doit faire face de façon efficace.

J'étais à ce moment-là directeur général de la société Thécla employant environ six cents personnes sur le Territoire de Belfort. Nous fabriquions des pièces de fonderie et des ensembles complets, destinées essentiellement au secteur de l'automobile. Les ateliers avaient été depuis peu fortement robotisés. Toutefois, cela n'était pas suffisant pour que l'entreprise puisse faire face à la crise automobile du moment car les constructeurs réintégraient chez eux des productions qu'ils nous avaient préalablement confiées. Nous avions dû mettre en place un plan de restructuration qui comprenait la suppression de quatre-vingt-cinq postes.

Un Comité d'entreprise devait donc avoir lieu sur ce sujet et même s'il n'y avait eu que deux heures de grève, l'ambiance était électrique ! Je devais me rendre de mon bureau à la salle de réunion qui se trouvait à une quarantaine de mètres, dans un bâtiment situé de l'autre côté de la cour. Une bonne partie du personnel, environ cinq cents personnes, s'était regroupée dans la cour et m'attendait. Le schéma était clair, certains très radicaux avaient sans doute remonté les troupes contre le « patron » pour tenter de l'influencer voire, peut-être, de le mettre en difficulté. J'allais ainsi devoir traverser, probablement sous les huées des plus excités, une haie de salariés déjà constituée. Bref, cela ne me convenait pas du tout, il fallait trouver une solution ! Et c'est là que le « **réflex** » entre en jeu : que faire ? Ne rien dire et traverser sous les huées ? C'est perdre son autorité et alors tout peut arriver. Rester à son bureau et reporter la réunion ? C'est pire, cela fait « dégonflé », celui qui n'est pas sûr de lui et donc tout peut être remis en cause ! La seule solution, la seule réaction possible, c'est de s'expliquer, et c'est ce que j'ai fait.

Je suis sorti du bureau et, avant même de traverser, ai grimpé sur un petit muret. J'ai levé la main pour réclamer le silence qui s'est fait. Puis j'ai déclaré : « Puisque vous êtes là, tous réunis, je vais en profiter pour vous dire ce qui va se passer au Comité d'entreprise… » Et j'ai expliqué la procédure que nous allions mettre en place et résumé à nouveau la nécessité impérieuse de ce plan. Pour terminer, j'ai ajouté que je pouvais, s'ils le souhaitaient, rencontrer trois ou quatre de leurs représentants de façon informelle, dès la fin du Comité d'entreprise. Je suis alors parti en réunion, évitant ainsi la « haie d'honneur », et peut-être aussi les vociférations des plus excités.

J'avais à nouveau repris l'initiative. Mais il faut le dire encore une fois : cela ne marche que si l'on vous fait confiance, et cela n'est pas spontané.

La confiance ne se décrète pas, elle se construit

C'est un travail de chaque jour qui se traduit par des attitudes des comportements, des actes très concrets et le parler vrai.

Environ huit jours plus tard, en raison des nombreux articles parus dans la presse, le directeur départemental du travail (M. Fiérobe) a cru utile de proposer ses bons offices aux syndicats qui ont accepté. Une réunion a donc eu lieu avec les syndicats, moi-même, et le directeur du travail. Celui-ci, dès le début, a souhaité que j'explique et justifie à nouveau les quatre-vingt-cinq suppressions de postes. Je craignais qu'il ne veuille entrer dans une espèce de marchandage sur les réductions d'effectif, ce qui était dangereux et de toute façon impossible.
À mon grand étonnement, il a été coupé dans son élan par le délégué syndical CFDT qui a dit à peu près ceci : « Écoutez monsieur Fiérobe, on ne met pas en cause ce que nous a dit M. Soriano sur la restructuration et sur la nécessité économique. On a bien compris et on lui fait confiance. Ce que nous voudrions en revanche, c'est que vous nous disiez quelles peuvent être les aides de l'État dans le plan social ? »
M. Fiérobe n'en revenait pas : il n'y avait pas de guerre contre la direction. Il y avait des problèmes, du désarroi, mais la confiance était là. D'ailleurs, quelques mois plus tard, M. Fiérobe, promu dans un département plus important, a invité environ deux cents personnes, dont j'étais, à un apéritif donné à l'occasion de son départ.
Lors de son discours, c'est avec une certaine fierté que je l'ai entendu dire que malgré les problèmes économiques du moment, le dialogue social était une réalité. Il a alors cité les mots prononcés auparavant par le délégué syndical lors de notre réunion : « Nous faisons confiance à notre patron et nous ne remettons pas en cause ce qu'il nous dit. »

Le parler vrai, toujours le parler vrai ! Dire les choses même si elles sont difficiles à dire, ce doit être un « réflex », car la confiance est au bout du chemin. J'aime beaucoup cette phrase du moraliste J. Joubert sur la confiance : « On peut, à force de confiance, mettre quelqu'un dans l'impossibilité de nous tromper. » (3)

Je voudrais maintenant donner un exemple de vérité difficile à dire. Cela se passe dans le groupe M&F dans lequel j'ai travaillé de 1995 à fin 2003. Au cours de l'année 2000, j'étais président du groupe et nous avions acquis auprès d'un groupe étranger, une société papetière employant dans son usine environ deux cent soixante personnes.
Je ne vais pas m'attarder sur les problèmes techniques, d'investissements ou de produits que nous avions à résoudre, mais sur la question des salaires. Le constat que nous avions fait, dès avant l'acquisition d'ailleurs, c'est qu'au fil des ans et sous la pression syndicale, les dirigeants successifs s'étaient laissés aller à des largesses salariales. Elles avaient conduit les personnels, ouvriers et employés, à des salaires de l'ordre de 15 à 20 % supérieurs à la moyenne de la profession et aux salaires existants dans les autres sociétés du groupe acquéreur que je dirigeais. Cette tendance ne pouvait évidemment pas se poursuivre, car elle constituait la principale faiblesse de cette société et la mettait en danger.
Dès lors, que faire en matière de politique salariale pour les années à venir ? J'ai donc souhaité, dès le premier jour de la prise de contrôle, réunir l'ensemble du personnel pour présenter le groupe acquéreur et les projets pour la société mais aussi, à cette occasion, faire le constat de l'inflation salariale. Je souhaitais mettre en évidence ses dangers, préciser que cela ne pourrait pas continuer et aussi préciser que désormais, les augmentations annuelles de salaires ne pourraient pas être, en pourcentage, au même niveau que celles des autres sociétés du groupe, de façon à ne plus creuser l'écart.
La plupart des cadres et directeurs du groupe consultés au préalable, étaient plutôt d'avis de ne pas en parler, de peur de mettre le feu aux poudres, dès le premier jour. J'ai cependant décidé de dire les choses puisqu'elles étaient ainsi.
Contre toute attente, il n'y eut aucune réaction. Même si cette annonce ne faisait pas plaisir, il était évident que personne ne pouvait la contester.
J'ai effectivement mis cette politique salariale en œuvre dans les années qui ont suivi. Malgré quelques petits accrochages, mais en respectant la parole donnée, l'écart de salaire en valeur absolue est resté stable.
Que serait-il advenu si, sans explications préalables, on avait moins

augmenté les salaires en pourcentage ici qu'ailleurs ? Sans doute une totale incompréhension, une perte de confiance et des blocages.

> **R25 1°) Je dirais ainsi sans aucune hésitation que plus les choses sont sensibles et difficiles à dire, plus il faut avoir le courage de les exprimer et de les expliquer.**
> **2°) Toutefois, il faut bien entendu étudier la façon de les dire de manière à ce que, sans maquiller la vérité, elles ne soient pas vécues comme une provocation. La question n'est donc pas de savoir s'il faut dire les choses, mais comment il faut les dires !**

Nous avons bien compris l'importance pour le dirigeant ou pour le directeur de toujours garder l'initiative. Mais qu'en est-il pour le chef de rang hiérarchique N qui a au-dessus de lui N+1 et au-dessous N-1 ? Lui laisser l'initiative ne pose-t-il pas un problème vis-à-vis de N-1 et de N+1 ? « Qui commande ? », pourrait-on penser.
Si tel était le cas, cela constituerait, selon moi, un grave dysfonctionnement. En effet, nous touchons ici à une notion essentielle. L'autonomie et la zone de compétence de chaque chef doivent être clairement établies de façon à éviter le double emploi. Il ne doit pas y avoir de problème de territoire de compétence et d'autorité entre les différents membres d'une même hiérarchie.
Le chef de bureau est le chef de *son* bureau et personne d'autre ne peut y donner des ordres. Le chef d'atelier est responsable de *son* atelier et personne d'autre ne peut exercer son pouvoir dans l'atelier. Ce postulat doit être bien clair. Cela n'exclut pas, bien entendu, les aides ou les assistances qui peuvent être apportées par le service du personnel, les services techniques ou les services fonctionnels dans leur ensemble. Mais cela se passe toujours sous l'autorité et le contrôle du chef.

L'initiative et l'autorité se trouvent réellement en danger essentiellement lorsqu'il y a conflit, et non pas discussion et échange. La meilleure façon d'éviter la perte d'initiative, donc la perte de pouvoir, c'est d'éviter le conflit en le remplaçant par la discussion, la négociation et l'échange. Cela nécessite bien entendu des concessions et des avancées de part et d'autre.

R26 1°) **Après tout, qu'est-ce que la bonne entente entre les hommes si ce n'est une suite de concessions et de compromis librement acceptés qui, finalement, fondent la vie en société ? La liberté n'est-elle pas la contrainte librement acceptée ?**

R27 2°) **La force et la puissance du chef seront d'autant plus fortes et reconnues pour imposer une décision non négociable, qu'il aura su, faire preuve d'esprit de discussion et de compromis à chaque fois que c'était envisageable.**
Pour pouvoir imposer l'essentiel, il faut savoir discuter l'accessoire !

Savoir décider

Nous avons vu que la décision est prise par le chef en son âme et conscience après études et consultations, si nécessaire. L'aide d'autres personnes de la hiérarchie est souvent requise ainsi que, parfois, l'avis des experts. Il arrive aussi que, pour des décisions importantes, il y ait une consultation plus large au niveau du personnel.

Mais qu'en est-il ensuite, une fois que la décision est prise ? On constate trop souvent des réactions déplorables :
- certains, s'étant bien gardés d'émettre une opinion auparavant, ne se privent alors pas de critiquer ;
- d'autres, ayant exprimé une opinion différente, disent alors clairement leur désaccord à tous ceux qui veulent l'entendre ;
- ceux enfin, qui étaient d'accord au départ, peuvent aussi déserter leur camp et changer d'avis.

Autant la vie politique s'accommode de ce type de situation – ce qui n'est d'ailleurs pas très glorieux – autant cela est détestable et ne peut être supporté dans le cadre d'une entreprise. On va, en effet, le plus souvent à l'échec lorsqu'on tolère la contestation d'une décision stratégique dans l'entreprise. Il faut être clair.

Après la discussion, la décision s'impose à tous

R28 **1°) Une décision, même de qualité moyenne, mais défendue avec vigueur par toute l'entreprise donnera forcément des résultats acceptables.**

2°) Une très bonne décision contestée par certains et appliquée sans enthousiasme ou avec défiance ne donnera aucun résultat, pire, elle sera le plus souvent préjudiciable à l'entreprise.

Il n'y a donc qu'une attitude possible lorsqu'une décision est prise après les préliminaires d'usage. **Chacun doit impérativement la faire sienne et tout mettre en œuvre pour la faire aboutir.** Y compris ceux qui avaient préféré une autre solution lors de la consultation et ceux qui n'étaient pas d'accord. Tous doivent l'appliquer avec enthousiasme. C'est une faute inexcusable de déloyauté que d'avoir une tout autre attitude, car comme nous l'avons vu, cela serait de nature à détruire les chances de réussite. Les énergies positives de tous sont nécessaires à la réussite.

Seul le chef peut changer sa décision

Il peut effectivement s'avérer que certains éléments majeurs de la décision aient été mal appréciés, et que la décision, en l'état, puisse poser des problèmes, voire devenir préjudiciable.

Il est bien évident alors que les personnes qui se rendraient compte de cela ont le devoir d'en parler avec le décideur et d'examiner les choses objectivement avec lui. Je dis bien *avec lui*, et personne d'autre. Le bon « **réflex** » est ici important. En effet, il ne s'agit surtout pas de faire des remises en question publiquement, cela reviendrait à une contestation. Il appartiendra alors au décideur de prendre toutes les mesures adéquates afin d'éviter les obstacles ou de réorienter sa décision si nécessaire. La seule personne qui puisse changer une décision est celle qui l'a prise. **Mais tant que la décision reste inchangée, il faut la respecter et la défendre vis-à-vis de l'ensemble du personnel et, si nécessaire, de l'environnement de l'entreprise**.

Le management doit être de l'imagination et de la folie inventive, entourées de règles de fonctionnement et de règles éthiques et morales. Tout est permis quand il s'agit d'élaborer une solution et toutes les idées peuvent être présentées. Une fois que les discussions sont terminées et qu'une direction est choisie, la fantaisie ne peut plus exister.

Il est un autre point important sur lequel il me faut insister, c'est que le chef est là pour décider. Il doit bien entendu tenir compte de sa sphère de compétence et s'entourer des avis et précautions nécessaires, mais c'est bien à lui que la décision appartient. Ce n'est pas pour rien qu'on appelle souvent le chef « le décideur » ! Il n'y a rien de pire qu'un chef qui ne sait pas trancher, qui ne sait pas décider. Il faut bien savoir que si nous ne décidons pas, ce sont alors les événements ou bien d'autres personnes qui vont décider à notre place, et ce ne sera pas forcément dans notre intérêt mais dans le leur. On comprend alors l'importance de la réflexion préalable qui va permettre de ne pas se trouver pris au dépourvu et d'avoir à l'avance, au plus profonds de soi, un « formatage » contenant une vision et une éthique sur ce que doit être la façon de réagir et de décider du chef. C'est ce que nous voyons par ces multiples règles et exemples.

Si nous ne voulons pas que les événements nous marchent dessus, c'est à nous de marcher sur les événements pour faire en sorte qu'ils nous conviennent !

Il nous appartient donc de décider.

Chapitre 5

LES SANCTIONS : POSITIVES D'ABORD !

Parmi les reprises d'initiatives ou les décisions qu'est amené à prendre le chef, les sanctions revêtent un caractère très particulier et tout à fait majeur. En effet, même si cela peut surprendre et soulever ici ou là des protestations ou de l'indignation, je considère que **les sanctions sont l'élément le plus important de la gestion du personnel**. Certes, il ne faut pas exclure la sanction négative, mais ce qui est essentiel, comme nous l'avons exposé précédemment, c'est la sanction positive, la considération, savoir dire « merci » et complimenter.
La reconnaissance, c'est aussi une façon de marquer l'intérêt que l'on porte à la personne. Le collaborateur doit sentir qu'il est apprécié, qu'il est reconnu. Il doit être certain qu'en toutes circonstances il peut compter sur son chef qui sera là pour le soutenir si besoin est. Mais il doit savoir aussi que la négligence, ou le laisser-aller, seront immanquablement sanctionnés. En effet :

> **R29** **1°) les lois, les règlements, la morale ne peuvent être transgressés. Pour le chef, ce doit être un « réflex »que de relever dans l'instant toute transgression.**
> **2°) Il ne s'agit pas de faire comme si on ne savait pas, comme si on n'avait pas vu ou entendu, en croyant ainsi éviter les « complications ». Il faut en effet bien savoir que c'est aussi de cette intransigeance et de cette « droiture » que relèvent l'autorité et la crédibilité du chef.**

Les exemples de ce type de défaillance ne manquent pas. Ainsi j'étais chef de département et nous étions en réunion avec le président de la société, lequel était sensé être l'animateur. Il y avait autour de la table les principaux directeurs et une douzaine de chefs de service. Le directeur informatique, questionné sur les retards d'un projet dont il était responsable s'en est alors vivement pris à un cadre qui, bien entendu, n'assistait pas à la réunion. Il a alors déclaré en élevant la voix : « De toute façon c'est un crétin et c'est fini, je ne travaillerai plus avec lui… et dans ces conditions, ce n'est pas la peine de me demander des comptes ! » Le président l'a laissé déclamer, avec un sourire embarrassé, puis a finalement marmonné : « Allons, ne nous énervons pas,… » et on est passé à autre chose ! Je suis resté stupéfait ! Inutile de vous dire que je bouillais sur ma chaise. Pour moi, le président et le directeur informatique n'étaient pas des chefs car leur comportement était inacceptable. D'ailleurs le climat dans l'entreprise était détestable ce qui n'était pas étonnant. C'est dans des cas comme celui-ci que la réflexion sur la façon adéquate de réagir doit se mettre en place, pour devenir ensuite un " **réflex** ".

C'est ce qui s'est produit quelques années plus tard alors que le groupe qui m'employait venait de me confier les fonctions de directeur général d'une société de 350 personnes où il y avait apparemment un vrai problème de management. J'étais là depuis quelques jours seulement, conscient que le personnel cherchait à « jauger » le nouveau patron. J'avais convoqué une réunion des directeurs et des chefs de services pour analyser les résultats du mois, mais aussi comprendre la façon dont ils étaient établis. L'un des directeurs, monsieur X…, de quinze ans mon aîné, était apparemment une « grande gueule », pas vraiment apprécié des autres membres de l'équipe. Peut-être voulait-il signifier au nouveau directeur général que j'étais qu'il fallait compter avec lui. Il s'est ainsi imaginé, lorsque je lui demandais d'expliquer le retard sur son budget, qu'il suffisait d'hausser le ton et de mettre en cause en des termes inacceptables son collègue de production – absent – allant même jusqu'à préciser qu'il pourrait exercer des représailles à son encontre !
Fort de ma réflexion sur des situations similaires, le « **réflex** » est venu. Je l'ai interrompu fermement et me suis mis à parler suffisamment doucement pour que chacun tende l'oreille, mais aussi pour bien mettre en évidence la différence d'expression et de ton. J'ai donc déclaré : « Je veux saisir l'occasion de cette intervention tapageuse pour vous signaler que deux ou trois règles fondamentales de comportement, auxquelles je tiens particulièrement, viennent d'être bafouées et ça, je ne l'accepte pas ! D'ailleurs, il y a bien d'autres règles de comportement sur lesquelles nous devrons

nous mettre d'accord et c'est vous-même qui les établirez ! Bon, nous allons continuer le tour de table, mais monsieur X..., je vous verrai à mon bureau demain matin à neuf heures !... ». La réunion s'est donc poursuivie le plus calmement du monde, mais quelques échanges de regard ont suffit pour que chacun comprenne qu'il y avait désormais des règles et des limites. Nous ne les avons d'ailleurs formalisées un peu plus tard, et comme prévu, ce fut le travail de la hiérarchie. Le lendemain matin, c'est un « petit garçon » que j'ai reçu à mon bureau, qui s'est excusé, et à qui j'ai expliqué qu'il était inacceptable d'hausser le ton à ce point, et de s'en prendre à un collègue, qui de plus était absent. J'ai précisé que je n'accepterai plus ce type de comportement, mais que pour moi l'incident était clos. Je lui ai alors demandé de rétablir la situation avec son collègue de production et de me rendre compte dans quinze jours, ce qui fut fait. J'ai pu ensuite compter sur lui comme collaborateur exemplaire. Par ailleurs mon autorité était établie et nous avons pu travailler efficacement. Mais que serait-il advenu si j'avais simplement répondu : « Ne vous mettez pas en colère ! » Cela n'aurait servi à rien et mon autorité aurait été malmenée, les excès n'étant pas sanctionnés. J'ai vu également dans des cas similaires, plus fréquents qu'il n'y paraît, des réactions du type : « Bon, calmez-vous, je verrai monsieur Y... pour que les choses rentrent dans l'ordre ». Autrement dit, on prête crédit à celui qui crie le plus fort, alors que le problème, si problème il y a, doit être résolu par les protagonistes eux-mêmes. Un arbitrage est aussi possible, mais dans d'autres conditions ! Nous verrons tout cela ultérieurement. Ici donc, le dirigeant entre dans le conflit et il va y perdre son autorité et s'embourber dans l'inextricable sans avoir le courage de sanctionner celui qui franchit la ligne rouge.

R30 **1°) Il n'y a aucun doute, il faut réagir tout de suite lorsqu'il y a transgression des règles et relever immédiatement l'inacceptable. Cette réaction est bien, elle aussi, de l'ordre du " réflex ".**

2°) Les choses doivent être dites telles qu'elles sont : bonnes ou mauvaises, rien ne doit être laissé dans l'ombre.

Il n'y a pas de pire situation que le salarié qui ne sait pas ce que son supérieur pense de lui ou de sa façon de faire.

C'est toujours le reflet d'un manque de considération de la part du chef pour les subalternes et, le plus souvent, un manque de courage. Il a peur de dire, peur de faire des vagues. Les individus ne sont pas égaux, et surtout, ne sont pas identiques. Formation, compétences, qualités, forme d'intelligence et comportement diffèrent très largement d'un individu à l'autre. Il faut donc en tenir compte et les considérer tels qu'ils sont, avec leurs différences et leur personnalité. C'est précisément cette diversité qui fait la richesse d'une équipe.

Lorsque les choses ne vont pas comme le chef le souhaite, certains peuvent être tentés de faire subir des brimades à ceux qui en sont la cause... Rien ne peut justifier cette façon de faire qui n'a aucun sens. C'est l'absurdité même. Comment peut-on penser qu'une personne qui ne donne pas satisfaction va s'améliorer si on est en permanence désagréable avec elle, si on lui fait subir des vexations, des sarcasmes ou pire, si on la « met au placard » ? Quand cela ne va pas avec quelqu'un, l'honnêteté commande que l'on cherche d'abord à en comprendre la raison. Ensuite, il s'agit de tout mettre en œuvre pour aider la personne à s'améliorer, à progresser. C'est dans l'intérêt de l'entreprise tout autant que celui de la personne. Tout le monde y trouve son compte. Les brimades n'auraient pour seul résultat que de briser la personne et de réduire à néant le service qu'elle aurait pu rendre à l'entreprise. Ce serait évidemment à l'inverse de ce que l'on recherche. Ainsi j'affirme que :

R31 **Tant que l'on n'a pas décidé de se séparer de quelqu'un, Il faut tout faire pour l'encourager et l'aider à réussir. C'est la seule solution que commande la raison.**

Attention toutefois, il ne faut pas assimiler ce comportement à du laxisme, cela veut dire *à contrario,* que :

R32 **Quand on a tout essayé pour faire évoluer une personne et que l'on n'arrive à rien parce que celle-ci ne veut pas ou que cela ne l'intéresse pas, il faut avoir le courage de s'en séparer.**

La méthode est d'ailleurs bénéfique pour l'entreprise, mais aussi pour le salarié qui pourra le plus souvent prendre un nouveau départ, lequel lui sera généralement favorable. Dans tous les cas, il s'agit de veiller à dire les choses au fur et à mesure des différentes tentatives de remise sur les rails et de récupération de l'individu. Il faut expliciter clairement les problèmes dès leur survenue. De cette manière, quelle que soit l'issue, les personnes ne sont pas prises au dépourvu. Cela amoindrit donc l'aspect traumatisant et révoltant d'une décision négative. Il y a une logique dans le déroulement des événements qui, alors, ne sont plus scandaleux. Cela laisse le temps et la possibilité à la personne concernée de s'amender éventuellement et de réagir favorablement à la satisfaction de tous. Voici un exemple qui me paraît devoir être cité.

J'étais alors directeur général d'une société d'environ quatre cents personnes. Nous fabriquions des équipements pour l'industrie automobile, notamment, et des matériels d'équipements de magasins pour la grande distribution.

Le directeur industriel de l'époque, ingénieur de formation, était plein de bonne volonté, mais les choses n'avançaient pas comme je le souhaitais. Il n'avait pas cette fibre industrielle nécessaire à ce poste. J'ai tenté à plusieurs reprises de l'aider à s'organiser, à progresser, mais cela n'allait pas et ne pouvait plus durer. J'ai proposé un nouveau plan d'action que nous avions bâti ensemble, mais il n'est pas arrivé à le tenir. Aussi, alors que nous faisions un point pour la énième fois dans mon bureau, je lui ai signifié mon intention de le licencier sans plus attendre. Il était bien sûr déconfit, mais pas agressif, tant les choses découlaient d'une logique difficilement contestable.

Je lui ai toutefois précisé que je le reverrais le soir même, avant qu'il ne rentre chez lui, pour l'entretenir d'un autre sujet.

Je l'ai donc revu en fin de journée et lui ai confirmé que la procédure de licenciement allait être engagée. J'ai cependant ajouté que s'il n'avait pas les qualités requises pour rester directeur industriel, j'appréciais malgré tout l'homme, et lui ai expliqué qu'il n'était pas, ici, dans son élément, mais qu'il pouvait très bien réussir ailleurs, plus précisément, dans la fonction technico-commerciale.

En effet, outre le fait qu'il était un bon technicien, j'avais remarqué qu'il était également très à l'aise lorsque nous recevions des clients à l'usine. Or, il se trouvait que notre homme était originaire du Sud-ouest, où il avait ses attaches familiales, et que nous recherchions un chef de secteur commercial pour cette région. J'ai alors décidé de lui proposer le poste. Il en a été très surpris et un peu ébranlé, puis m'a demandé quelques jours de réflexion. Cette fonction était en effet très éloignée de sa formation d'ingénieur et de ce qu'il avait fait jusqu'à présent. Il est revenu me voir, dès le lendemain matin, avec un large sourire, et a accepté la proposition. Voilà donc notre homme quasiment réembauché le lendemain de son licenciement. Je dois préciser que j'ai tenu à ce que la procédure soit celle-ci et non pas une mutation. Il faut être clair ! Il a été licencié, puis réembauché. De mon côté, lorsque j'ai quitté l'entreprise presque un an plus tard, le nouveau chef de secteur commercial se débrouillait fort bien et donnait satisfaction dans ses nouvelles fonctions. Il était d'ailleurs venu me dire qu'il était à la fois comblé d'être retourné « chez lui » et heureux d'accomplir un travail qui, maintenant, lui convenait vraiment.

Il faut en conclure qu'un individu qui ne donne pas satisfaction à un poste peut très bien se révéler excellent dans d'autres fonctions. Le principe de base à respecter pour que cela puisse réussir est de ne pas s'attaquer à la personne, mais à l'inadéquation entre la personne et le travail qui lui est demandé.
Je citerai volontiers cette formule (titrée ci-dessous) déjà utilisée par d'autres (6) :

« L'ennemi, c'est le problème, pas le collaborateur ! »

À ce sujet, j'ai retenu une leçon exemplaire lors de ma première année de vie professionnelle, laquelle démontre combien il est important de dire les choses.
J'avais décidé, à la fin de mes études d'ingénieur, de suivre la formation de l'Institut d'administration des entreprises de Montpellier (IAE). Dans le but de dégager le temps et l'argent nécessaires à cette formation, j'avais sollicité et obtenu un poste de maître auxiliaire au lycée technique. J'enseignais les automatismes et le bureau d'étude/méthodes à des classes de techniciens supérieurs.
L'élève que j'appellerai X... était en première année de BTS et, quoique pourvu de bonnes capacités, ne travaillait pas du tout. J'ai donc été conduit à le convoquer à plusieurs reprises en cours d'année pour lui dire que cela n'allait pas et que, s'il ne redressait pas la barre très sérieusement, je m'opposerais à son passage en deuxième année.

Puis est arrivé le conseil de classe de fin d'année au cours duquel, comme prévu, je me suis opposé à son passage en deuxième année. D'autres professeurs ont fait de même, il était donc viré !
C'était une période où l'élève assistait à la délibération du conseil de classe qui le concernait. Celui-ci s'est alors levé, furieux, et a littéralement insulté les professeurs en précisant : « Il n'y a que M. Soriano qui m'a prévenu qu'il s'opposerait à mon passage, donc pour lui je comprends, mais les autres, vous ne m'avez rien dit en cours d'année ! » Il les traita alors de tous les noms ! Les choses s'envenimaient et risquaient de dégénérer. J'ai alors fait remarquer à l'élève qu'il était un peu facile de reporter la faute sur les professeurs qui n'avaient rien dit, mais qu'il savait bien, en son for intérieur, qu'il ne fichait rien et que c'était à lui de faire son autocritique. J'ai d'ailleurs ajouté qu'à vingt ans, rien n'est perdu et que si la technique ne lui convenait pas, il pourrait certainement s'épanouir dans d'autres voies ; hôtellière, commerciale, économique ou sociale, etc. Il s'est alors calmé, a quitté la salle, et nous sommes passés à un autre élève.

La leçon est claire : il faut dire les choses, même si c'est difficile. Cela évitera ou atténuera les malentendus et les conflits. La vérité facilite toujours les prises de décisions, autant dans l'intérêt de l'entreprise ou de la collectivité que dans celui de la personne. Ce qui me navrait, alors que je n'avais que vingt-quatre ans, c'était de me rendre compte que des professeurs de quarante ou cinquante ans, par ailleurs méritoires, n'avaient toujours pas compris cela. J'ai d'ailleurs réalisé un peu plus tard que ce n'était pas forcément le courage qui leur manquait, mais peut-être la lassitude ou la crainte de ne pas être soutenu par les instances supérieures qui les avait ainsi réduit, progressivement, au silence et à une sorte d'indifférence.

J'ai été amené par la suite, dans plusieurs entreprises, à mettre en place des tableaux de bord concernant les sanctions, lesquels doivent être remis à jour trimestriellement par la hiérarchie. Ils indiquent ainsi les sanctions positives et négatives en nombre et par service avec leur nature.

R33 **1°) Je considère en effet que le manager ou le chef qui passe des mois, voire des années, sans donner de sanctions ni positives ni négatives à son personnel n'est pas à sa place de chef. Cela veut clairement dire qu'il est indifférent à ce qui se passe ou qu'il n'a pas le courage de prendre ses responsabilités. Dans un cas comme dans l'autre, c'est inacceptable.**

2°) Il est donc indispensable de suivre un indicateur qui recense le nombre et le type de sanctions qui sont données par chaque membre de la hiérarchie. C'est un bon moyen de connaître leur valeur.

La sanction est là pour nous faire grandir

L'homme a besoin de savoir ce que l'on pense de lui, il a besoin d'être stimulé pour progresser. L'indifférence est insupportable. Dire ce qui va ou ce qui ne va pas est un signe d'intérêt, de confiance, de loyauté et d'estime. Le message que reçoit la personne doit ainsi être clair : « **Ce que tu fais et ce que tu es m'intéresse !** »

Il est très important de comprendre que cela n'est pas à sens unique. Le chef a lui aussi besoin d'avoir une appréciation, un avis, sur ce qu'il fait et ceci quel que soit son niveau hiérarchique. Certes, la hiérarchie supérieure est là pour cela, mais un compliment ou une appréciation en provenance d'un subalterne font toujours du bien, même s'il s'agit d'une remise en question. J'y reviendrai plus largement par la suite, mais il faut réaliser que le chef a besoin lui aussi de connaître l'appréciation de son personnel, c'est-à-dire des intéressés, sur la façon dont il dirige son équipe.
Nous allons donc voir maintenant les qualités essentielles que doit posséder le chef afin qu'il soit à même de diriger efficacement son équipe. Nous verrons aussi comment il doit réagir devant les différentes situations et quels doivent être ses « **réflexs** ».

Chapitre 6

JUGEZ LE CHEF SUR SES QUALITÉS ET SON ACTIVITÉ

Sujet difficile s'il en est ! Pour aborder cette question, je souhaite rester volontairement sur la dénomination générique de « chef ». En effet, nous pourrions être tentés de faire des différences entre le mandataire social, le dirigeant, le directeur, le chef de service, le contremaître, le chef de bureau, le chef d'équipe, etc.
Je ne crois pas que cette distinction soit pertinente. En effet, un certain nombre de qualités fondamentales sont toujours indispensables au chef, quel que soit son niveau hiérarchique.

Je rentre tout de suite dans le vif du sujet en affirmant que **lorsque cela ne va pas quelque part dans l'entreprise ou l'organisation et que cela dure, c'est forcément le chef qui est en cause.**

C'est toujours la faute du chef

En effet, il s'agit du chef qui n'a pas su ou n'a pas eu la volonté de faire ce qu'il fallait quand il le fallait, alors que le chef est là pour cela. L'annexe 4 présente quelques réflexions explicites qui détaillent les raisons pour lesquelles c'est toujours la faute du chef.

Ainsi peut-on dire, sans se tromper, qu'un bon chef doit avoir de l'autorité. C'est-à-dire qu'il doit être capable de faire accepter et appliquer les règles de fonctionnement en vigueur. Il doit régler les problèmes, relever les erreurs, sanctionner positivement ou négativement, former les collaborateurs et obtenir leur adhésion. Enfin il doit, entre autres, être entendu et écouté. Cette autorité doit être exercée sans qu'il soit besoin de faire preuve d'autoritarisme, sans qu'il soit besoin de « gueuler » ou de taper du poing sur la table pour se faire entendre. Les salariés, le personnel, ne demandent qu'une chose : avoir un chef, un vrai ! Un chef emblématique qui représente dignement leur société et que l'on respecte. Ils ne refusent pas l'autorité, ils la demandent. Certes, ils veulent être écoutés, mais ils veulent un guide, et être bien représentés.

Pour exemple, j'ai été conduit, dans une autre de nos usines, à me séparer du directeur qui ne convenait pas. Il n'avait pas assez de rigueur et les syndicats faisaient un peu la pluie et le beau temps. Il fallait attendre environ six mois avant de mettre en place le nouveau directeur qui n'était pas encore disponible. Aussi ai-je décidé de nommer pour six mois, en intérim, un de nos cadres, âgé de soixante ans, ancien directeur d'usine, chef du service recherche et développement, à l'origine de plusieurs brevets. C'était une forte personnalité, quoiqu'un peu fantasque. Dès les premiers jours il a posé les règles, aidé en cela par sa réputation qui l'avait précédé. Il était ensuite très présent dans l'usine, y compris pendant les postes de nuit ou le week-end pour voir ce qui s'y passait, et tout était décortiqué, sans concessions mais avec objectivité.
Non seulement son autorité a été immédiatement reconnue, mais les syndicats, habituellement agressifs, n'ont pas soufflé mot. Il était reconnu et respecté. Il n'a pas eu besoin de crier pour se faire entendre.

Nous parlons là d'autorité naturelle, on suit le chef parce qu'il sait, parce que ce qu'il demande a un sens, parce qu'on peut compter sur lui et qu'on a confiance en lui. Parce qu'on le respecte. Dès que l'on parle d'autorité, il faut parler de contraintes et de libertés, les deux sont irrémédiablement liés et il s'agit de bien le comprendre.

Il n'y a pas de libertés sans contraintes

L'autorité impose toujours des contraintes, que certains peuvent considérer comme une restriction des libertés. En fait, c'est exactement le contraire, et on peut dire que **la contrainte est nécessaire pour l'acquisition progressive de l'indépendance et de la liberté** :

- l'enfant qui doit apprendre à lire, puis doit apprendre ses leçons, y est souvent contraint. Pourtant c'est par ce moyen qu'il va acquérir indépendance et liberté. C'est par cela et grâce à cela qu'il deviendra plus fort ;
- de la même manière, pour apprendre à conduire : il n'y aurait plus aucune liberté de circulation s'il n'y avait pas la contrainte d'apprendre et de respecter le code de la route.

Et que dire de la contrainte qui nous est imposée de respecter les lois et règlements en vigueur dans notre pays ! Nul doute que sans cela ce serait l'anarchie et la fin des libertés. Ce serait la loi du plus fort qui prévaudrait, comme dans les temps anciens ! Cette nécessité de l'autorité est superbement illustrée par ces quelques lignes extraites de l'œuvre de Platon. (2)

« Lorsque les pères s'habituent à laisser faire leurs enfants, lorsque les fils ne tiennent plus compte de leurs paroles, lorsque les maîtres tremblent devant leurs élèves et préfèrent les flatter, lorsque finalement les jeunes méprisent les lois parce qu'ils ne reconnaissent plus au-dessus d'eux l'autorité de rien et de personne, alors c'est là en toute beauté et en toute jeunesse le début de la tyrannie. » Platon.

Si tant est que l'on puisse résumer cela d'une façon simple, je le ferais en disant : « s'il n'y a pas de contrainte, il n'y a pas de liberté ».

Sur ce thème, je connais une petite histoire qui m'a été racontée par une personne qui l'aurait vécue. Je ne peux résister au plaisir de vous la faire partager (2).
Cela se passe dans un supermarché où cinq ou six personnes font la queue devant une caisse en attendant leur tour. Derrière une dame se trouve une maman avec sa fille de huit ou neuf ans environ. Celle-ci trouve apparemment très amusant de pousser le chariot dans les jambes de la dame devant elle qui, bien sûr, proteste et finit par s'adresser à la maman :

« Enfin ! Madame ! Vous voyez bien que votre fille fait exprès de m'envoyer le chariot dans les chevilles, empêchez-la ! » Et la maman de répondre : « J'ai décidé d'élever ma fille sans contraintes. C'est à elle de faire ses expériences, je n'ai pas à intervenir ». La dame, ulcérée tente alors de sermonner la gamine qui, avec un large sourire, recommence à lui envoyer le chariot dans les chevilles dès qu'elle s'est à nouveau retournée.
Un monsieur nettement plus âgé, lui aussi dans la file et qui assistait à la scène, quitte alors sa place. Il revient un instant après avec un pot de miel d'un kilo, le dévisse et le verse consciencieusement sur la tête de la gamine qui se met aussitôt à hurler, suivie par sa mère qui traite le vieux monsieur de fou et se met à vociférer... Ce dernier s'adresse alors calmement à la maman et lui dit : « Ah non ! Madame ! Je ne suis pas fou ! Sachez simplement que moi aussi, j'ai été élevé sans contraintes ! » Belle leçon, n'est-ce pas ?

Ce serait sans doute très amusant si nous avions tous été élevés sans contraintes ! Revenons maintenant sur les qualités que doit posséder un chef, et elles sont nombreuses. L'une des toutes premières me semble être évidente et pourtant, elle fait souvent défaut : la bonne humeur.

La bonne humeur

En effet quoi de plus désagréable que de côtoyer quelqu'un qui est toujours en train de râler ou qui « fait la gueule » ? A-t-on vraiment envie de travailler avec cette personne ? Je dirai simplement que c'est une question de politesse et de savoir-vivre. Nous n'avons pas à faire supporter aux autres nos états d'âme et nos aigreurs d'estomac.

R34 Il est évident que nous obtenons toujours davantage des autres avec un sourire qu'en ronchonnant. Celui qui apporte la détente et la bonne humeur dans un service est toujours mieux servi et plus apprécié que le rabat-joie.

Un bon chef doit savoir déléguer ses pouvoirs

R35 Il doit d'ailleurs savoir déléguer tâches et pouvoirs au niveau le plus bas possible. Cela va enrichir les tâches des subordonnés qui trouveront ainsi davantage d'intérêt à leur travail et une reconnaissance de leur compétence.

Le chef doit éviter de faire le travail à la place de ses subordonnés, même s'il a peur qu'ils se trompent. Ces derniers considèrent toujours cela comme un manque de confiance et le vivent généralement très mal. Le chef qui sait déléguer et faire confiance sera disponible pour traiter des choses importantes, c'est-à-dire les tâches humaines qui doivent toujours être prioritaires.

Quand un employé peut compter sur son chef, il est, à son tour, prêt à se dévouer pour lui.

Le jeune et nouveau chef comptable d'une société de trois cents personnes me racontait comment il avait complètement remotivé la petite équipe de trois comptables qu'il avait en charge.

Il avait notamment décidé de leur confier la garde et la gestion des chéquiers. Mais surtout, contrairement à son prédécesseur qui gardait cette tâche pour lui, il leur laissa le soin d'aller eux-mêmes présenter les chèques pour signature au patron. En plus d'une marque de confiance, c'était pour eux l'occasion de rencontrer le patron et d'être valorisés. Ils en ressentaient d'ailleurs une certaine fierté.

R36 Non seulement le chef doit valoriser son personnel, mais il doit avoir aussi le souci permanent de l'évolution et de la promotion des personnes. Les personnes particulièrement méritantes à qui on ne propose aucune évolution finissent par baisser les bras, par se démotiver ou devenir revendicatives.

Faire réussir les autres c'est assurer sa propre réussite

Je me souviens d'un chef de projet qui, contrairement à ses collègues, demandait toujours à tel ou tel membre de l'équipe de présenter et d'expliquer les choses lors des réunions de synthèse. Il ne le faisait jamais lui-même, ne cherchant pas à se mettre en avant. En conséquence, la direction a bien vite remarqué que tous les membres de l'équipe étaient impliqués et qu'il y avait là des personnalités intéressantes. Cela a grandement facilité leur évolution de carrière. Le chef de projet, quant à lui, a rapidement évolué dans la hiérarchie. On avait reconnu ses capacités de management et d'animation ainsi que le dynamisme qu'il impulsait. En faisant réussir les autres, il construisait sa propre réussite.

L'importance du comportement du chef dans la motivation des équipes et des hommes n'est plus à démontrer. Je résumerai cela tout simplement de la façon suivante : **c'est l'entreprise qui vous embauche, et c'est à cause d'un chef que vous décidez de partir !** J'ai effectivement imaginé et utilisé cette formule à plusieurs reprises lors de séminaires de formation de l'encadrement, et elle a toujours un fort retentissement. Chacun voit tout de suite ce dont il s'agit car on n'a pas envie de travailler avec un mauvais chef. On se tait et on se replie sur soi, si on n'a pas suffisamment de courage pour réagir... ou on s'en va !

La promotion du personnel, en interne, est une superbe illustration de ce que doit savoir proposer un chef qui a pris la mesure de ses responsabilités. On voit en effet trop souvent des chefs qui ne veulent pas laisser partir Dupont parce qu'il est si bien là où il est... C'est le meilleur, alors on ne veut pas s'en séparer, on a trop besoin de lui ! On voit ainsi de très bons éléments privés de promotion parce que leur chef ne veut pas s'en séparer, alors que ceux dont on souhaite se débarrasser en obtiennent.
Cette façon de faire, au-delà de son aspect révoltant et insupportable, est toujours un mauvais calcul. Dupont qui mérite une promotion, laquelle n'arrive pas, va finir par s'aigrir... ou par quitter l'entreprise et on aura alors tout perdu.

Si le chef est capable de saisir les opportunités pour proposer à son personnel des évolutions correspondant à leurs mérites, alors il y aura dans l'équipe une émulation permanente et la volonté constante de progresser. Dès qu'un poste à responsabilité se libère dans l'entreprise, le « **réflex** » du chef de service doit être de rechercher s'il n'y a pas dans son équipe quelqu'un capable de tenir ce poste et si oui de tenter de le faire évoluer.
Si, au contraire, on veut garder jalousement les bons, ce qui interdit du même coup leur évolution, il y a fort à parier qu'il n'y aura bientôt plus que des personnes désabusées et inefficaces dans le service ou dans l'entreprise.

Il ne faut pas oublier que les gens ne font leur devoir que par intérêt et non par vertu ! Ceci même si, fort heureusement, la vertu n'est pas toujours absente.
Ce que je veux dire, c'est qu'il ne faut pas compter uniquement sur la vertu des personnes pour qu'elles accomplissent correctement leur travail. Il faut évidemment qu'elles y trouvent aussi un intérêt, sans quoi cela ne durera pas :

- un intérêt financier ;
- un intérêt moral ;
- la satisfaction et l'intérêt du travail lui-même ;
- le climat et l'ambiance agréable du travail ;
- l'intérêt de rencontrer de nouvelles personnes, etc.

Shakespeare résumait tout cela en disant : « Est bien payé qui est bien satisfait. »(4)

R37 Une des grandes qualités du chef consiste aussi à ne pas se mettre en avant et ne pas chercher à garder pour lui la réussite de son équipe. Il doit au contraire se faire oublier et rester humble en attribuant à ses subordonnés les mérites de la performance et des succès.

Laissons aux collaborateurs la satisfaction de la réussite

Ce sera pour eux non seulement une juste récompense, mais aussi une formidable stimulation pour poursuivre dans cette voie puisqu'ils en reçoivent directement les fruits.
C'est ainsi que le dirigeant qui visite pour la première fois une usine ou un service en présence du directeur ou du chef de service peut aisément se faire une première opinion sur le management qui est en place. Si le chef de service ou le directeur lui présente les personnes par leur nom et fonction, sans commentaires particuliers, ce n'est peut-être pas très bon signe. En revanche, s'il lui présente M. Martin comme étant : « Celui qui a mis le planning en place et a fait un sacré boulot ! » ; puis M. Durand en tant que : « grand spécialiste des outillages qui a mis au point les fixations rapides… » et ensuite : M. Albert, « pour qui les pannes n'ont pas de secrets… », cela montre que ce chef-là non seulement aime son boulot, mais qu'il fait en sorte que les autres l'aiment aussi. Il les met en avant et leur laisse le bénéfice de leur réussite. On reconnaît là, sans doute, un chef de qualité sur lequel on peut compter.

Je voudrais vous soumettre quelques réflexions de nos anciens sur ce sujet. Elles montrent bien que nous n'avons rien inventé, ce ne sont pas les découvertes d'un nouveau mode de management, ce sont des lois éternelles.

> *« Le meilleur chef est celui dont on ressent à peine l'existence.*
> *Il est déjà moins bon si on lui obéit et si on l'acclame,*
> *Pire encore s'il est méprisé.*
> *Mais d'un bon chef parlant peu, sa tâche accomplie, son but atteint, le peuple dit : " Nous avons fait cela nous-mêmes. " » Lao-Tseu (2).*
>
> *Toujours dans le même esprit, Lao-Tseu disait :*
> *« Pour commander les hommes, marche derrière eux ! » (4)*

Belle leçon d'humilité à méditer par tous, mais aussi formidable leçon d'efficacité.

La hiérarchie doit être une et solidaire

Une autre qualité essentielle qui est demandée aux différents membres d'une même hiérarchie est la solidarité. Dans une entreprise, la solidarité entre tous les chefs doit être totale, en effet :

> **R38** **1°) Une chaîne (ici hiérarchique) n'a que la résistance de son maillon le plus faible. La réussite des uns ne peut pas s'accommoder de l'échec des autres.**
> **2°) La hiérarchie doit être une, le problème des uns est forcément le problème des autre. Tous les membres d'une même hiérarchie se doivent assistance mutuelle, au service de leur personnel et de l'entreprise.**

J'illustrerai ce principe par l'exemple suivant. Cela se passait dans l'une de nos usines employant trois-cent-vingt personnes. Le fonctionnement du magasin des pièces de rechanges posait problème. Pour le chef d'entretien, c'était la faute des acheteurs et du chef du magasin, car ils n'avaient jamais les pièces nécessaires en stock. Pour les acheteurs et le chef du magasin, c'était celle des personnels d'entretien qui ne faisaient aucune prévision et n'enregistraient pas les sorties de matériel la nuit, en l'absence du magasinier.
Finalement, le directeur de l'usine m'informa un jour qu'il avait décidé de se séparer de l'acheteur et du chef d'entretien. On ne s'en étonnera pas vraiment ! Le nouveau responsable des achats, le chef du magasin et le nouveau chef d'entretien se sont alors mis à travailler ensemble, chacun considérant que le problème de l'autre était aussi le sien. Dix-huit mois plus tard, le magasin était parfaitement rangé, tous les articles codifiés, des procédures étaient en place, et les prévisions étaient fiables. Il n'y avait plus de rupture de stock, lequel avait d'ailleurs été réduit d'environ 20 %. L'obtention de ce type de résultat paraît élémentaire, mais cela n'est possible qu'à la condition absolue d'avoir la volonté de travailler, ensemble, au bien commun. La hiérarchie devant être une et solidaire, il faut donc proscrire les polémiques et les règlements de compte entre membres de l'encadrement.

> **R39** **Les membres de l'encadrement doivent être source d'union et de cohésion dans l'entreprise et non pas sujet à polémiques et à rivalités.**

Au-delà de la nécessaire cohésion des membres de la hiérarchie, les vicissitudes de la vie économique ou celles de l'entreprise font qu'une carrière est forcément faite de réussites mais aussi d'échecs, que l'on veuille le reconnaître ou non ! On ne peut pas réussir tout ce que l'on entreprend... sauf si l'on n'entreprend rien du tout !
Il faut donc considérer que l'échec fait partie intégrante de la construction de la réussite.

L'échec fait partie intégrante de la construction de la réussite

Il affine les jugements, il consolide l'expérience et apporte la prudence et le discernement dans l'action. W. Churchill eut un bon mot à ce sujet : « Le succès consiste d'aller d'échecs en échecs sans perdre son enthousiasme » (4). Plus sérieusement, je dirais qu'il n'y a que ceux qui n'entreprennent pas qui ne risquent pas l'échec.

R40 Loin d'être une démobilisation de la volonté, l'échec est le garant de la sagesse et de l'humilité indispensables pour entreprendre en toute lucidité et avec le discernement nécessaire.

Je voudrais, là aussi, vous donner un exemple durement vécu. J'avais un peu moins de trente ans, lorsqu'avec l'un de mes frères, nous avons créé une, puis deux, puis trois sociétés dans le domaine du chauffage, des procédés d'isolation et des nouveaux matériaux, du conseil en économies d'énergie. Ces expériences furent passionnantes et créatrices d'un bon nombre d'emplois. Nous développions ainsi de nouvelles technologies et de nouveaux matériaux avec licences et brevets à l'appui. Toutefois, voulant aller trop vite et tout faire en même temps, six ans plus tard, ce fut le dépôt de bilan, par asphyxie en quelque sorte. J'ai d'abord considéré cela comme un grave échec et c'en était un, bien sûr. Mais ce fut aussi pour moi une formidable rampe de lancement. Dans ces années difficiles j'ai vraiment tout appris, le commercial, la gestion, la finance, l'informatique, la production, la logistique, les brevets, les relations avec les administrations et les partenaires financiers... Je considère *a posteriori*, que, de plus, j'ai appris la prudence et le discernement. Au total, cet échec, très difficile à vivre dans ma carrière professionnelle, a été pourtant l'expérience la plus bénéfique qu'il m'ait été donné d'avoir. Je n'aurais sans doute jamais connu l'évolution professionnelle qui a été la mienne par la suite sans ce que m'a appris cet échec.

Les qualités humaines et morales font la valeur du chef

Pour en revenir aux qualités des chefs, vous remarquerez que je n'ai effectivement fait aucune différence entre les niveaux hiérarchiques. En effet, les qualités demandées à un chef sont finalement toujours les mêmes. Avant les connaissances techniques, ce sont les qualités de la personne que l'on attend.

On peut malgré tout se poser la question de savoir s'il n'y a pas dans l'entreprise des chefs qui doivent recevoir une attention toute particulière. Je répondrai positivement : c'est le cas pour le chef d'équipe, le chef de bureau, le chef de secteur, en un mot, pour le chef qui est le dernier maillon de la chaîne hiérarchique. En effet, c'est lui qui est en contact direct avec ceux qui vont réaliser concrètement les opérations de gestion, de fabrication, de contrôle, de livraison, de vente… C'est donc très directement de lui que va dépendre la bonne marche du service, le bon état d'esprit des opérateurs et donc la qualité de la performance. L'ensemble de la hiérarchie se doit de l'aider à accomplir sa tâche car la personne la plus importante de l'entreprise, c'est l'opérateur ou l'intervenant de base :

- l'administratif qui organise bien ;
- l'ouvrier qui évite la panne ;
- le technicien qui trouve un nouveau procédé ;
- le régleur qui fait la qualité ;
- le contrôleur qui détecte le défaut ;
- le commercial qui prend la commande ;
- le logisticien qui livre à l'heure ;
- le financier qui évite l'impayé ;
- l'informaticien qui donne la statistique, etc.

Ne l'oublions jamais. Ce sont ceux qui exécutent au final les tâches de production ou de service qui font la qualité, la valeur et la réputation de l'entreprise. Bien sûr toute la hiérarchie est là pour mettre cela en musique, mais il n'est pas inutile de parler aussi de délégation pour les tâches d'exécution. Cette notion de délégation s'applique naturellement tout au long de la chaîne hiérarchique. C'est en premier lieu le président ou le directeur général qui délèguent certains de leurs pouvoirs aux directeurs généraux délégués qui eux-mêmes délèguent en partie aux directeurs, lesquels font de même avec les chefs de service, et ainsi de suite. Mais que peut donc attendre une personne qui délègue ses pouvoirs à un subalterne ? Sans aucun doute qu'il s'acquitte des fonctions ainsi déléguées dans les meilleures conditions possibles, mais aussi qu'il rende des comptes et, plus que tout : qu'il ne cache pas les difficultés et qu'il sache demander de l'aide si nécessaire !

R41 **1°) Il est très précieux pour un responsable de savoir à coup sûr que quand on ne lui dit rien, c'est que tout va bien et que les opérations se passent correctement.**
2°) Il faut qu'il soit certain que si quelque chose se met à déraper, il sera tout de suite averti avant que la braise ne se transforme en incendie (2). Sans l'exigence du « réflex » de savoir demander de l'aide en ne cachant pas les difficultés, la confiance ne peut exister.

Je me souviens d'un directeur de filiale de grande qualité que je visitais régulièrement, comme ses collègues d'ailleurs, ou à qui je téléphonais périodiquement quand je ne pouvais lui rendre visite. C'était un peu un jeu entre nous. Quand je l'appelais, je lui disais : « Je vous passe un coup de fil car je n'ai pas de vos nouvelles ? » Et il me répondait immanquablement : « C'est que tout va bien monsieur, c'est que tout va bien ! » C'était comme un clin d'œil malicieux entre nous. Je savais très bien que si quelque chose n'allait pas, j'en serais tout de suite informé.

La délégation est donc aussi simple que cela, mais les personnes à qui on délègue peuvent aussi avoir des carences. La question du contrôle se pose donc inévitablement dans la délégation.
Comment faire confiance et déléguer, tout en assurant un certain contrôle ? Au-delà des moyens de contrôles classiques ou du « reporting » sur lesquels nous reviendrons, il n'y a que deux recommandations essentielles qui sont, du reste, complémentaires.

R42 **1) Avoir ses antennes grandes ouvertes et une sensibilité bien aiguisée qui permette de relever les détails pouvant être révélateurs de dysfonctionnements au-delà des évidences et des tableaux de bord.**

2) C'est le droit de recours indispensable que doit avoir le chef de rang N-1 de pouvoir dire à son chef de rang N quand cela ne va pas et de voir avec lui comment améliorer les choses. Mais si cela ne va toujours pas, alors N-1 est autorisé à prendre N par le bras et aller voir avec lui N+1 pour faire arbitrer le problème.

Enfin, le chef doit, bien entendu, avoir en permanence le souci de la performance et des progrès.

R43 **Il doit avec son équipe être source de dynamisme, de proposition et de progrès.**

Ci-après une fiche de synthèse distribuée à l'ensemble des directeurs et chefs de service d'un groupe que j'ai dirigé, à l'occasion d'une réunion de travail sur la mission spécifique de la hiérarchie.

J'attends d'un cadre et de tout membre de la hiérarchie :

1) QU'IL SOIT SOURCE D'UNION ET DE COHÉSION

2) QU'IL SOIT FIABLE, C'EST-À-DIRE :

- capable de résoudre, à son niveau, le maximum de problèmes qui se présentent à lui et ce, de façon durable ou, mieux encore, de les faire résoudre par son personnel chaque fois qu'ils relèvent de leur compétence. Il doit aussi chercher en permanence à les valoriser ;
- qu'il rende compte des difficultés ou des problèmes rencontrés sans chercher à les dissimuler. Il faut qu'il sache demander de l'aide, mais qu'en aucun cas il ignore, n'ose relever ou s'attaquer à tout ce qui constitue un dysfonctionnement, même s'il n'est pas directement concerné.

3) QU'IL SOIT PORTEUR DE DYNAMISME, DE PROPOSITIONS, DE PROGRÈS, ET... DE BONNE HUMEUR.

4) QU'IL AIT LE COURAGE DE SANCTIONNER POSITIVEMENT OU NÉGATIVEMENT SON PERSONNEL DANS LE BUT DE LE FAIRE GRANDIR !

« ne PAS être EXIGEANT, c'est être INJUSTE ! »
« NE PAS DIRE LES CHOSES EST UNE FAUTE ! »

L'ensemble des comportements et des qualités dont doit faire preuve le chef ne sont pas limitatifs. Toutefois, il n'est peut être pas inutile de résumer l'essentiel des points que nous venons de voir. L'importance relative qui leur est accordée résulte alors de l'expérience de chacun.

R34 **La bonne humeur est la première politesse envers le personnel.**
R35 **Savoir déléguer, c'est faire confiance et améliorer l'efficacité.**
R36 **Il faut faire évoluer nos subordonnés et les aider à réussir.**
R37 **Laissons à notre personnel la gloire de la réussite.**
R38 **Les membres de la hiérarchie doivent être solidaires entre eux.**
R39 **Le chef doit être un élément d'union et de cohésion.**
R40 **l'échec redonne humilité et lucidité ... pour mieux réussir !**
R41 **Celui qui reçoit délégation doit savoir alerter s'il y a problème.**
R42 **L'arbitrage de N+1 est accordé à N-1 si problèmes avec N.**
R43 **Le chef doit être à l'origine de propositions et de progrès.**

Il est clair que les différents membres de la hiérarchie doivent être jugés et appréciés par leur hiérarchie supérieure notamment sur ces critères, lesquels doivent être, bien entendu, connus de tous à l'avance.

L'entretien d'évaluation

Cette appréciation se fait au cours d'un entretien individuel avec le supérieur hiérarchique, une ou plusieurs fois par an. J'ai l'habitude d'appeler cet entretien d'évaluation : « entretien individuel de progrès », que nous avions baptisé de façon synthétique, E.I.P.
Certes, il s'agira de passer en revue les critères ci-dessus et de voir en quoi ils sont correctement remplis, mais il faudra aussi être attentif à la manière de procéder. C'est la clé de voûte de la réussite et de l'efficacité des entretiens. Si vous dites à un cadre : « Je trouve que vous n'êtes pas assez fiable » ou « Vous n'êtes pas suffisamment source d'union », il va pour le moins « se raidir » et l'entretien risque de mal se passer. Il faut avoir du tact pour dire les choses, mais il faut les dire quand même, avec des exemples à l'appui. Rester sur des opinions, forcément subjectives, est source de discorde. J'ai connu de nombreux cadres et agents de maîtrise gravement meurtris et déstabilisés parce qu'on leur avait demandé par le passé de tenir des entretiens d'évalua-

tion sans aucune préparation. Cela s'était alors mal passé faute de « **réflexs** » appropriés.

On commencera d'abord par les choses positives, celles qui détendent l'atmosphère, par exemple : « Ce que j'apprécie chez vous c'est que vous êtes un bosseur, vous ne comptez pas vos heures. » Et plus tard seulement : « En revanche, il y a quinze jours, vous avez gardé pour vous le problème avec le client Dupont au lieu de m'en parler, j'attends, vous le savez, un peu plus de transparence ». Ou bien : « L'autre jour, j'aurais aimé que vous cherchiez à voir comment aider votre collègue plutôt que de le critiquer en réunion, alors même qu'il était absent. Vous savez que cela est contraire à nos règles de fonctionnement. J'attends que ce type de situation ne se reproduise plus ! Sommes-nous bien d'accord ? »

Il y a au minimum trois questions que celui qui conduit l'entretien doit se poser au préalable :

R44 **1) Si j'étais à sa place, la façon dont les choses se passent entre nous me conviendraient-elles ? Ne seraient-elles pas de nature à m'indisposer ?**

R45 **2) Un autre que moi le jugerait-il de la même façon ? Autrement dit : suis-je objectif ou bien influencé par des choses ou des a priori qui n'ont pas leur place dans un contexte professionnel ?**

R46 **3) Y a-t-il des choses qui me gênent avec lui, ou qui ne me conviennent pas, et que j'ai des difficultés à aborder ? Comment supprimer ces freins ?**

Au cours de l'entretien, on peut très bien demander spontanément à la personne en quoi elle considère avoir progressé, et quels sont les points qui restent, selon elle, à améliorer. On va alors acquiescer, compléter ou rectifier. Il est d'ailleurs étonnant de constater combien les gens se connaissent mieux qu'on ne le pense. La plupart du temps ils sont bien plus sévères avec eux-mêmes que nous ne le serions à leur encontre.

Dans tous les cas, il faut interroger son interlocuteur sur la façon dont il perçoit sa relation avec vous : « Est-ce que la façon dont nous travaillons ensemble vous convient ? Est-ce que vous voyez des choses que je pourrais améliorer dans notre relation ou dans notre travail qui

seraient de nature à vous faciliter les choses ou les rendre plus agréables ? » Bien entendu, il s'agira ensuite de tenir le plus grand compte des remarques qui auront été faites. Inutile de préciser que le supérieur hiérarchique qui mène cet entretien doit être clair avec lui-même, car c'est aussi pour lui un moment de vérité. Tout doit pouvoir être dit, avec respect mais aussi avec clarté. Le respect, la confiance et l'efficacité en découlent directement.
L'entretien se terminera le plus souvent par une fiche de synthèse qui dresse le constat et rappelle les points forts et les points faibles. Il en découlera les actions correctives qu'il convient de mener et les progrès à réaliser. Cette fiche sera établie en deux exemplaires, une pour chaque personne, et constituera la base de départ du prochain entretien.

En aucun cas **cet entretien ne sera l'occasion de parler d'augmentations de salaire**. Il perdrait tout son intérêt. La question du salaire sera vue dans d'autres circonstances, même si logiquement elle découle de la qualité de la personne et du service rendu. De plus, si la personne sait que la question de la rémunération sera vue d'ici trois mois, il y a de fortes chances pour qu'elle tente d'ici là d'améliorer ses points faibles. Il serait en revanche maladroit de procéder à un entretien d'évaluation dans une période trop proche d'une augmentation ou d'un refus d'augmenter le salaire. Il va de soi cependant que l'on doit veiller à ce que la rétribution de chacun soit cohérente avec la grille des salaires en vigueur dans l'entreprise et que la rémunération soit en rapport avec la qualification de l'individu mais aussi et surtout avec le service qu'il apporte à l'entreprise. En effet il n'y a rien de pire que des salaires qui ne tiennent compte que du poste ou de la qualification – et cela existe encore bien souvent en ignorant les efforts et les qualités spécifiques de chacun. Polyvalence, bon état d'esprit, bonne humeur capacité d'adaptation et de propositions, imagination et autonomie... cela se paye ! Faute de cela, il ne faut pas espérer enregistrer des progrès et des évolutions positives. Au contraire, on verra s'installer la morosité et la contestation puisque le mérite n'est pas reconnu.
Pour en revenir à l'entretien d'évaluation, l'annexe 1 donne une fiche-guide pour mener cet entretien.

Trois recommandations toutefois :

R47 **1°) Il faut absolument se rendre totalement disponible pour ce type d'entretien et s'assurer que l'on ne sera pas dérangé ni par le téléphone ni par personne.**

R48 **2°) La concentration et l'attention que l'on porte à la personne à cette occasion doivent être optimales.**

R49 **3°) Il vaut mieux reporter un entretien en expliquant pourquoi plutôt que de le bâcler.**

Cet entretien entre une personne et son chef se déroule en tête à tête. Toutefois, les appréciations sur les personnes étant capitales mais délicates, il faut éviter qu'elles puissent être subjectives.

R50 **On ne doit, en principe, jamais être seul à juger. Il est nécessaire de confronter son jugement avec d'autres membres de l'encadrement qui connaissent aussi la personne : le chef de niveau N+2 ou bien un collègue de niveau N+1 comme vous.**

Il est une notion à laquelle je tiens particulièrement et que j'ai toujours demandé à mes équipes d'appliquer : « Jugez les gens plus sur la façon dont ils travaillent, sur la volonté, la qualité du comportement, le travail effectif et l'attaque réelle des problèmes que sur le résultat immédiat. Il viendra forcément par la suite, comme conséquence. »

En quelque sorte, la volonté, l'enthousiasme, la jeunesse d'esprit, sont des valeurs clés pour entreprendre et pour gagner. À titre d'illustration et de détente, l'annexe 5 donne quelques-unes des très belles lignes écrites par le Général Mac Arthur sur la jeunesse d'esprit.

Savoir attendre et construire patiemment

Je voudrais terminer ce paragraphe par une petite histoire qu'il m'a été donné de vivre il y a seulement quatre ou cinq ans.
Un jour où je me rendais dans l'une de nos usines, j'avais décidé de rencontrer le jeune chef de production avec son directeur. C'était un ingénieur de trente-deux ans, que nous avions promu à ce poste deux

ans plus tôt, et qui avait très bien redressé une situation difficile. Nous lui reconnaissions de grandes qualités de management, et sans lui avoir dit, nous le destinions à une direction d'établissement.
Or, une direction d'usine était potentiellement vacante, mais comme cela était encore prématuré, j'avais décidé de lui proposer le poste de directeur adjoint. C'est donc ce que j'ai fait au cours de notre entretien. Il a marqué quelques instants de réflexion, puis il m'a dit : « Monsieur, je suis très honoré par la confiance et l'honneur que vous me faites en me proposant ce poste mais je ne peux pas accepter... En tout cas pas maintenant, pas encore ! En effet, il y a trop peu de temps que je suis à ce poste de chef de production. Les choses se passent bien, mais j'aurais trop peur de gâcher ce que je suis en train de faire, surtout au niveau de la cohésion de l'équipe. Il me faut absolument encore consolider les choses. »
Je l'ai bien entendu remercié pour sa prise de position et l'ai félicité de faire passer l'intérêt de l'équipe et de l'usine avant son intérêt personnel immédiat. Toutefois, deux ans après, les choses étant consolidées au niveau de son service, je l'ai effectivement promu à une direction d'usine et il a accepté, bien entendu !
Par son comportement, il est indiscutable que ce garçon possède une vraie stature de chef et sa position illustre magnifiquement certaines qualités majeures du chef dont nous n'avons pas encore parlé.

R51 **Il s'agit de la patience : ne pas vouloir aller trop vite en risquant de se brûler les ailes pour avoir voulu brûler les étapes.**
R52 **Puis la conscience d'accomplir sa tâche jusqu'au bout avec une certaine grandeur d'âme, dont cet exemple est l'illustration.**

Après les qualités du chef, intéressons-nous maintenant à l'emploi du temps du manager ou du chef, à son activité quotidienne.

Réorienter l'activité et les priorités du chef

Nous avons déjà évoqué certains aspects de cette activité, mais je veux y revenir et illustrer l'importance du changement d'état d'esprit que nous

devons opérer afin de ne plus nous trouver dans l'urgence. C'est, en effet, l'urgence qui nous détourne de la résolution des problèmes de fond et nous empêche, notamment, de nous occuper de notre personnel.
Selon le niveau hiérarchique et l'activité de l'entreprise ou de l'organisation, il est évident que les activités du chef ne sont pas les mêmes. Toutefois, chacun pourra les décliner à sa façon dans le classement ci-après.
En effet, on peut aisément schématiser cette activité et la ramener à cinq grandes rubriques selon le type d'occupations qui structurent et jalonnent une journée de travail.

1) **Ce qui est urgent :**

- calmer un client insatisfait, ce qui implique un déplacement et les frais correspondants ;
- rencontrer un délégué qui s'agite face à un problème non résolu et lui expliquer ce qui va être fait ;
- se rendre sur place pour régler un problème de qualité, de production ou commercial ;
- bouleverser le planning pour tenter de combler le retard de livraison d'un client sans perturber les autres ;
- organiser une réunion pour rattraper le coup suite à un dysfonctionnement ;
- analyser et comprendre les causes d'un accident du travail, au-delà du problème causé à l'accidenté lui-même, pour remédier au risque, etc.

2) **Ce qui est obligatoire :**

- les réunions du CE,
- les réunions des délégués du personnel,
- les réunions du CHSCT,
- rédiger le rapport d'activité,
- analyser les résultats,
- préparer le budget,
- tenir les entretiens d'évaluation,
- formaliser, éditer et réagir aux tableaux de bord,
- visiter régulièrement les services, les usines,
- lire le courrier,

- répondre au téléphone,
- organiser le travail,
- analyser les « reportings », etc.

3) **Ce qui est important. Comment :**
   - faire pour que nos clients soient toujours satisfaits ?
   - poursuivre l'amélioration de la qualité ?
   - mettre en place l'entretien préventif afin d'éviter les pannes ;
   - s'assurer de la bonne circulation de l'information ;
   - anticiper les problèmes dès qu'un « clignotant » s'allume ;
   - améliorer les procédures et les simplifier au maximum ;
   - voir régulièrement les clients et pas uniquement les principaux ;
   - s'occuper de son personnel.
   - ne pas laisser de questions ou d'attentes sans réponses.
   - travailler en permanence à l'amélioration de la performance.
   - favoriser l'émergence de nouvelles idées, de nouvelles techniques, de produits innovants.

En un mot : faire ce qui est nécessaire pour ne plus se retrouver dans l'urgence.

4) **Ce qui relève du plaisir.**
   À ne pas négliger, car il faut bien, de temps à autre, un peu de détente et d'agrément, ce qui du reste est souvent bien loin d'être inutile :
   - lire les nouvelles économiques : trente minutes. Il est difficile de s'en passer si on veut éviter de perdre pied ;
   - visiter les salons professionnels, c'est agréable et tellement indispensable ;
   - déjeuner périodiquement avec le personnel, c'est un moment privilégié d'échanges, etc.

5) **Faire le travail des autres : à proscrire !**
   - prévenir trois personnes pour une réunion impromptue, la secrétaire le fera très bien ;
   - un travail urgent se présente : je vais le faire, cela ira plus vite. Non ! Il faut expliquer l'urgence et indiquer comment faire ;

- le travail est très délicat, j'ai peur qu'il se trompe, il est préférable que je le fasse. Non ! Je dois déléguer, quitte à contrôler dans un premier temps, si nécessaire, etc.

R53 1°) **Faire le travail des autres est un manque de confiance. C'est les sous-estimer et en quelque sorte leur interdire de progresser.**
R54 2°) **Déléguer des choses, former les personnes si nécessaire, les encourager, c'est au contraire leur faire confiance, leur donner confiance, et les faire évoluer.**
R55 3°) **Celui qui sait qu'on lui fait confiance va faire en sorte de ne pas décevoir.**

Il va prendre des initiatives, apporter ses propres idées, faire des propositions. Il va ainsi devenir un acteur de la vie et des progrès de l'entreprise, concerné par ce qui s'y passe. C'est de cette manière que le salarié va devenir responsable et sera capable d'assumer des responsabilités.

Theodore Roosevelt illustrait bien cette question de la délégation par cette phrase : « Le meilleur manager est celui qui sait trouver les talents pour faire les choses, et qui sait aussi refréner son envie de s'en mêler pendant qu'ils les font. » (3)

Vous trouverez page suivante un graphique qui schématise la répartition estimative des tâches du chef, avant et après sa prise de conscience et sa réaction. En un mot : après qu'il ait décidé de se consacrer à l'essentiel, c'est-à-dire régler en priorité les problèmes de fond afin de ne plus être dans l'urgence. Il trouvera ainsi le temps de s'occuper de son personnel.
À partir de ce graphique et de la classification des différentes tâches, amusez-vous en fin de journée à noter les différentes tâches que vous avez accomplies depuis le matin. Procédez de la sorte pendant plusieurs jours, puis faites-en une synthèse. Ce sera un bon départ, et à partir de ce constat, construisez votre plan d'action et tenez-vous-y !

L'ACTIVITÉ DU CHEF

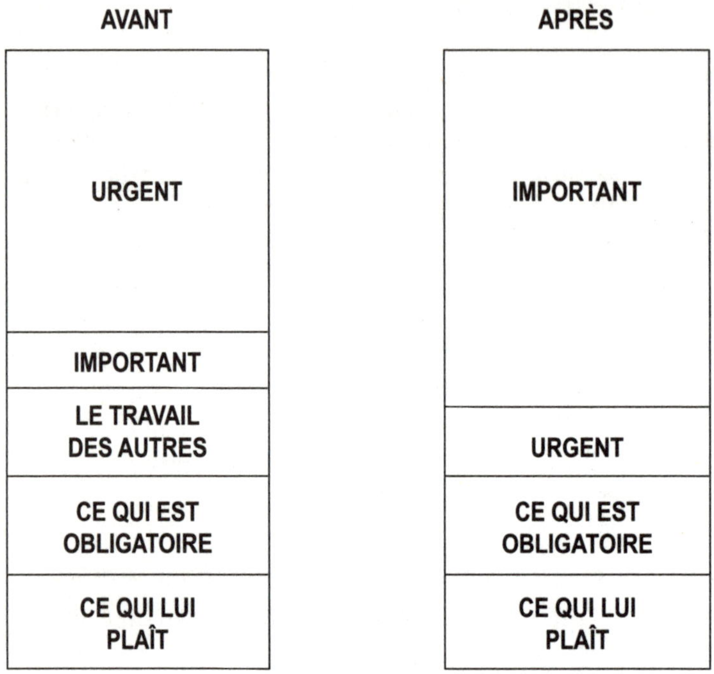

Chapitre 7

LE DEVOIR D'ASSISTANCE ET D'EXIGENCE

Je ne reviendrai pas sur le devoir d'assistance dont nous avons déjà parlé. En effet, le fait que le chef doive apporter son aide au collaborateur en difficulté est une évidence. Pour autant, cela ne veut pas dire qu'il doive faire le travail à sa place, bien au contraire. Il s'agit de faire acquérir au collaborateur une plus grande compétence et une plus grande autonomie. Cependant l'assistance que le chef doit à son personnel peut dépasser quelquefois le cadre strict de l'entreprise ou de l'organisation.

Porter assistance à un collaborateur

Je veux parler ici de l'assistance que le chef d'entreprise, le directeur ou le chef de service doivent à leur personnel dans les difficultés qu'ils peuvent rencontrer en dehors de leur activité professionnelle, mais qui peuvent avoir une incidence sur celle-ci. Certes, les chefs ne sont pas des assistantes sociales, cependant ils ne peuvent pas être indifférents aux problèmes personnels que peuvent rencontrer leurs collaborateurs dans leur vie privée. Voici quelques exemples.

Un salarié du bâtiment a un problème ponctuel grave avec sa femme ou l'un de ses enfants. Il est très perturbé. Mieux vaut éviter pendant toute cette période de lui confier des travaux à risque. En effet, par manque de concentration il pourrait s'exposer à un accident.
Prendre aussi, discrètement, des nouvelles d'un salarié malade ou en difficulté, c'est lui marquer de la sympathie et de l'attention. C'est ainsi consolider la relation avec l'autre. Aider à parler d'un problème permet également de le relativiser et de le rendre plus supportable.

Certains exemples vécus illustrent de façon concrète ce que peut être la façon de prendre en compte certains problèmes du personnel qui ne sont pas directement liés à l'entreprise. C'était à la société M&F. Un cadre, en instance de divorce, était complètement anéanti. Il se présente un matin en pantoufles, pas rasé, après avoir fait une tentative de suicide quelques jours auparavant. Son directeur, aussitôt averti, s'entretient longuement avec lui puis le renvoie chez lui. C'est une réaction saine : l'intérêt et la compassion n'excluent pas l'exigence.
D'ailleurs le cadre en question avec qui j'ai eu ultérieurement un entretien m'a déclaré à propos de son directeur : « Il a eu raison de me renvoyer chez moi, c'est quelqu'un de bien, il comprend mon problème mais il n'admet pas le laisser-aller. Il m'aide de son mieux. Il est d'ailleurs venu me voir à l'hôpital, puis chez moi, cela m'a beaucoup réconforté et m'a fait un immense plaisir ». Ainsi, petit à petit, la personne s'est ressaisie et la reprise en main s'est opérée, alors qu'il s'agissait bien d'un problème personnel à l'origine.

Autre exemple vécu à la société Thécla : un soir, un chef d'équipe se trouvait chez lui avec sa femme et sa fille. Le voisin du dessus faisait, une fois de plus, beaucoup de bruit. Notre chef d'équipe excédé finit par s'énerver au point de saisir un pistolet de tir qu'il détenait d'ailleurs légalement. Après l'avoir chargé, il monte voir son voisin. Le ton monte rapidement entre les deux hommes jusqu'au moment où le voisin lui dit : « Tu fais le malin avec ton pistolet, mais tu n'es même pas capable de t'en servir ! » Malheureusement il s'est trompé et s'est retrouvé avec une balle dans le ventre ! Voici donc notre chef d'équipe incarcéré et condamné à quelques années de détention. La question s'est alors posée dans l'entreprise de savoir ce que nous allions faire devant ce drame et cette condamnation ? La hiérarchie me proposait de licencier notre chef d'équipe qui devait avoir environ cinquante ans. J'ai tout de suite réalisé qu'il avait peu de chances de retrouver du travail en sortant de prison. Cela serait alors un drame pour lui, mais aussi pour sa femme et sa fille. De plus, l'entreprise n'avait, quant à elle rien, à lui reprocher. J'ai donc pris une autre option. J'ai écrit une lettre au juge pour lui dire que nous étions informés de ce qui s'était passé, que nous avions appris sa condamnation et qu'il était normal que ce monsieur

paye sa dette. Je précisais toutefois que cet homme était chez nous un bon élément apprécié de tous et qu'il n'avait jamais eu de comportement violent dans l'entreprise. Je terminais en disant que nous souhaitions le réintégrer dès sa libération.
Suite à cette lettre, il a bénéficié d'une libération conditionnelle et nous avons réintégré notre chef d'équipe. Je l'ai reçu personnellement le jour de son retour pour lui dire ma satisfaction de le voir à nouveau parmi nous. J'ai également précisé qu'il devait comprendre que la moindre marque de violence de sa part serait un cas de licenciement immédiat. Il m'a chaleureusement remercié pour ma lettre au juge et pour sa réintégration. Non seulement je n'ai jamais eu à me plaindre de lui, mais il a été ensuite tout à fait remarquable et dévoué à l'entreprise.

Il ne faudrait pas prendre cela pour du paternalisme mal placé. Je crois au contraire que des cas comme celui-ci sont tout à fait exemplaires et ont une valeur de symbole dans l'entreprise. Ils rassurent les salariés qui se sentent soutenus.

R56 1°) **On ne laisse pas tomber un salarié en difficulté. La direction et le management gagnent en crédibilité et en confiance. Cela renforce l'esprit d'appartenance et d'identification à l'entreprise.**

R57 2°) **Ce devoir d'assistance que nous avons vis-à-vis des collaborateurs en difficulté ne réduit en rien le devoir de sanction à l'encontre des salariés qui ne respectent pas les règles de l'entreprise. Il ne faut pas tergiverser, même si cela fait mal, quand il s'agit d'appliquer des sanctions négatives, sans quoi le management perd sa lisibilité et du même coup sa crédibilité.**

En effet, si l'on ne sanctionne pas celui qui ne fait pas, on fait mal son travail, celui qui s'attache à le faire correctement trouvera cela anormal. Pourquoi se donnerait-il alors tant de peine ? Il s'agit bien de retenir cette évidence : « il faut savoir être exigeant, sans quoi on devient injuste. » (2).

L'exigence est un devoir

Nous avons donc l'exigence de savoir prendre des décisions, même si elles ne sont pas faciles. Evidemment les plus difficiles à prendre concernent les hommes, compte tenu de leurs incidences au niveau social, psychologique, humain. Toutefois, sauf à ne pas être responsable, il faut :

- savoir licencier quelqu'un pour vol, dégradations ou violences dans l'entreprise ;
- avoir le courage d'engager et de réaliser une restructuration et, si nécessaire, un licenciement collectif quand la survie de l'entreprise ou du site est en cause ;
- savoir licencier quelqu'un qui, malgré les mises en garde répétées, se croit au-dessus des règles et ne les respecte pas ;
- savoir se séparer d'une personne, non pas qui ne peut pas, mais qui ne veut pas travailler correctement, et qui persiste.

Il doit y avoir aussi peu de règles que possible, mais la stricte observation des lois de l'entreprise ou de l'organisation, tout comme le respect des lois civiles et morales est une exigence supérieure qui ne peut souffrir le laisser-aller. Le cardinal de Richelieu était clair sur ce sujet et il résumait bien les choses : « Faire une loi et ne pas la faire exécuter, c'est autoriser la chose que l'on voulait défendre. » (3)

Cela veut dire *a contrario* et naturellement, que la loi, ou le règlement, n'ont de sens que pour des choses dont on est certain. Il est préférable de ne pas émettre de règlement et de laisser faire le bon sens dans le cas contraire. La difficulté et la rigueur de la décision peuvent engendrer des états d'âme et des difficultés chez le décideur : va-t-on m'en vouloir ou me soutenir ? Suis-je prêt à accepter d'être craint plutôt qu'aimé ?

R58 Que les décisions soient faciles ou difficiles, le décideur doit s'affranchir de ses états d'âme. Il faut simplement que ses décisions soient lisibles et fondées. Il n'a pas à rechercher à être craint ou aimé, il doit simplement être respecté. Pour cela il faut qu'il soit juste, ce qui impose de la rigueur, de l'exigence et du courage.

Chapitre 8

RÉUSSIR LA CIRCULATION DE L'INFORMATION

Comme nous l'avons vu précédemment, savoir et pouvoir sont intimement liés tout comme pouvoir et responsabilité. Il est donc clair qu'un responsable, c'est-à-dire celui qui a la responsabilité ou, plus simplement, le chef, doit posséder le savoir afin d'être à même d'exercer utilement son pouvoir. Par conséquent, dans l'entreprise, l'information doit être prioritaire et délivrée par la hiérarchie qui doit savoir les choses toujours mieux et plus rapidement que quiconque. C'est là un point essentiel.

Préparer et tenir les réunions CE et DP

Prenons un exemple simple qui représente néanmoins un véritable enjeu dans l'entreprise et sur lequel nous insistons lors des réunions de formation avec l'encadrement : il s'agit des réunions du comité d'entreprise ou des délégués du personnel.
Quelques jours auparavant, le chef d'entreprise ou le directeur du site qui préside ce type de réunion reçoit la liste des questions auxquelles il devra répondre le jour venu. Il prépare donc ses réponses et, au cours de la réunion, va exposer force détails et informations sur la marche de l'entreprise, le chiffre d'affaires des différents départements, les fabrications, les nouveaux clients, les salaires moyens, les augmentations de salaire, les projets de nouvelle organisation, les nouveaux horaires envisagés, les projets d'acquisition ou de fusion, les résultats, les restructurations éventuelles, etc.
En fait, toute une série d'informations majeures qui intéressent beaucoup de monde à l'intérieur de l'entreprise… et parfois même à l'extérieur ! Inutile de préciser que les représentants du personnel ou les délégués

prennent beaucoup de notes. C'est bien normal, ils sont là pour cela ! On ne s'étonnera pas non plus que certains s'absentent de la réunion, non pas pour se détendre, mais pour téléphoner, tout simplement. En effet, quand les informations sont très importantes, ils les communiquent en direct aux délégués restés sur les autres sites. Leurs collègues vont alors pouvoir circuler dans les différents services pour diffuser bonnes et mauvaises nouvelles à l'ensemble du personnel. Ils ne se priveront pas, si nécessaire d'ajouter des commentaires ou de présenter les choses à leur façon, surtout s'ils envisagent certaines réactions. Il se peut même que les propos soient simplement déformés, sans mauvaises intentions, ou mal compris.
On a vu ainsi du personnel d'encadrement ou des chefs de service apprendre les nouveaux horaires envisagés, la nouvelle organisation, les résultats de l'entreprise ou de leur propre service de la bouche des représentants du personnel. C'est tout de même effarant !
Il faut alors se poser la question de savoir qui détient le pouvoir dans ces conditions ? La réponse est simple : c'est celui qui détient l'information, donc le représentant du personnel. Cela est tellement vrai que l'on voit couramment des chefs de service questionner les représentants du personnel pour savoir ce qui s'est passé et connaître telle ou telle réponse. Inutile de dire que cela constitue un grave dysfonctionnement. En effet, les salariés prennent alors l'habitude de se tourner vers les représentants du personnel dès qu'ils ont un problème, puisque ceux-ci détiennent le savoir. Bien vite, ce qui aurait dû n'être qu'un problème rapidement réglé par la hiérarchie va devenir une revendication apportée par les représentants du personnel. Ce mode de fonctionnement va créer des tensions, demander beaucoup de temps et d'énergie, provoquer beaucoup de crispations et de perte de confiance, avant que le problème ne soit résolu.
Il s'agit donc d'adopter une façon de procéder pour la préparation de ces réunions des délégués du personnel ou du comité d'entreprise qui soit sensiblement différente. Il faut organiser une réunion préalable avec l'encadrement principal, la veille ou l'avant-veille de la réunion du CE ou des DP. Une réunion au cours de laquelle le chef d'entreprise ou d'établissement va présenter les questions prévues à l'ordre du jour. Il précisera les réponses qu'il compte donner et consultera sa hiérarchie, de façon à tenir compte des éléments qu'elle peut lui apporter à cette occasion et croyez moi, c'est bien loin d'être inutile !

Avec cette manière de procéder, la hiérarchie connaîtra avant la réunion du CE ou des DP les réponses qui seront données. Ainsi elle pourra, pendant ou dès la fin de la réunion, informer son personnel du contenu de celle-ci.

La hiérarchie reprend ainsi le pouvoir en devenant la principale source d'information. Du même coup, ceux qui pourraient déformer volontairement ou non ce qui a été dit en seront pour leurs frais. L'expérience m'a d'ailleurs montré que si cette information est faite honnêtement et rapidement par la hiérarchie, cela convient finalement à tout le monde et chacun retrouve la place qui doit être la sienne.

Certains esprits chagrins crieront au *délit d'entrave*. D'ailleurs, j'ai déjà eu cette remarque de la part de certains représentants du personnel. Je réponds clairement par la négative. Il n'y a pas délit d'entrave à partir du moment où l'information du personnel par l'encadrement a lieu après la réunion. Certes, la hiérarchie était au courant avant, mais comment reprocher à un chef d'entreprise de consulter sa hiérarchie sur les réponses à apporter aux représentants du personnel ? Il ne peut pas tout connaître, il a donc besoin de son avis et de ses connaissances pour apporter des réponses appropriées.

J'ai toujours procédé de cette manière avec les adaptations nécessaires pour les sociétés à sites multiples. Je dois dire que je n'ai eu qu'à m'en féliciter. Il ne faut pas cacher qu'il est quelquefois difficile d'obtenir ce mode de fonctionnement de certains chefs d'établissement tant ils appréhendent que le changement de méthode ne crée des remous. L'expérience montre qu'il ne faut qu'un peu de courage, moyennant quoi, on y arrive très bien.

Il reste un point à éclaircir : que faire des questions, dites « diverses », qui n'ont pas été inscrites à l'ordre du jour et qui sont posées en fin de réunion ? On peut, bien sûr, être tenté d'y répondre tant bien que mal, même si l'on n'a pas préparé le sujet. C'est une erreur à ne pas commettre. En effet on risque fort, dans ces conditions, de ne pas mesurer toute la portée de la question et de répondre par une ânerie dont il sera difficile de se dégager ensuite. De plus, selon la règle que nous nous sommes fixée, la hiérarchie doit aider à élaborer la réponse et du même coup être informée auparavant. La conclusion et le « **réflex** » s'impose donc : pour toute question non formalisée à l'ordre du jour, la réponse sera apportée à la réunion suivante. C'est tout à fait clair et cela évitera au

patron, dans la hâte, de raconter des sottises. Bien entendu, là aussi, il s'agit de savoir dire les choses d'une certaine façon et on peut très bien préciser que réponse sera apportée à la prochaine réunion car elle mérite d'être regardée et approfondie auparavant.
Cette méthode de préparation des réunions des délégués du personnel a prouvé son efficacité. On constate qu'elle permet de résoudre en temps réel, avec la hiérarchie, la plupart des problèmes posés. Celle-ci reprend alors le pouvoir et le personnel qui a des interrogations s'adresse désormais à sa hiérarchie. Les problèmes sont alors traités plus rapidement, sans devenir des objets de conflits ou des revendications.
En appliquant cette façon de faire, j'ai pu constater très fréquemment dans certaines de nos usines que l'ordre du jour de la réunion des délégués du personnel était ainsi rédigé : « Ordre du jour et questions des représentants du personnel : Néant ». La réunion dure ainsi quelquefois quinze minutes. On approuve le dernier compte rendu et on fixe la date de la prochaine réunion.
Ce que l'on peut affirmer dans ces cas-là, c'est que la direction du site ainsi que la hiérarchie ont effectivement bien accompli leur travail. Au bout du compte, tout le monde s'y retrouve, personnel, représentants du personnel, hiérarchie et direction.

R59 **1°) La hiérarchie doit toujours être informée à l'avance de ce qui sera dit en réunion CE ou DP.**
R60 **2°) C'est la hiérarchie qui doit informer son personnel de ce qui s'est dit au cours de ces réunions et ce dès la fin de la réunion.**
R61 **3°) Les questions diverses non inscrites à l'ordre du jour seront toujours traitées à la réunion suivante.**

Favoriser l'information descendante

Poursuivons maintenant sur les autres aspects de la circulation de l'information, qu'elle soit technique, commerciale, administrative, financière, sociale ou de toute autre nature. Nous l'avons dit, la circulation de l'information se fait de façon prioritaire par la hiérarchie. Chaque chef doit relayer l'information et ne pas la bloquer. La rétention de l'information ne peut être admise et devrait être sanctionnée. Or, ce problème de non-transmission de l'information est, souvent, beaucoup plus fréquent qu'il n'y paraît. Ce n'est pas toujours un blocage volontaire, parfois seulement un oubli.

R62 Il est donc majeur d'entraîner la hiérarchie à ce questionnement qui doit devenir un « réflex » : « Suis-je certain de n'avoir rien omis dans les informations que je leur transmets et qui pourrait leur manquer ? »

L'information peut circuler oralement ou par écrit. Le support écrit a le mérite de permettre à tout le monde d'avoir la même base. Toutefois, même si « les écrits restent », il faut savoir que des études sur ce sujet montrent que ce que l'on retient surtout, c'est l'oral. Une bonne information doit le plus souvent être personnelle et orale pour être correctement acceptée et assimilée.
Il est relativement facile dans une organisation de mettre en place la circulation de l'information descendante. Il s'agit du flux d'information qui part de la direction ou des services clés pour ensuite redescendre et être « dispatchée » dans les autres services. Il est déjà un peu plus difficile de faire fonctionner l'information latérale, mais on y arrive tout de même assez bien, car la plupart du temps, cette information est fonctionnelle. Par exemple, la communication entre le bureau d'études et le bureau des méthodes ou l'atelier est le plus souvent très organisée, voire codifiée, de la même manière qu'entre le service contentieux et les gestionnaires de comptes dans une banque. Cela ne pose normalement pas de problèmes majeurs. En revanche, la circulation remontante de l'information est de loin la plus difficile à obtenir.

Comment obtenir l'information remontante

Est-ce que cela se passe bien sur le terrain ? Rencontrent-ils des difficultés et lesquelles ? Peut-on améliorer les choses ? Ont-ils des idées qui pourraient nous aider ? Avons-nous commis des erreurs ou des maladresses, et auront-ils le courage ou la simplicité de nous le dire ?

R63 On touche là un des points majeurs de l'efficacité et de la performance de l'entreprise ou de l'organisation. Si cette information remontante ne circule pas, s'il n'y a pas ce « feedback », c'est la sclérose. Il devient dans ces conditions très difficile, voire impossible, de progresser.

J'ai à ce sujet un exemple vécu qui m'a laissé un souvenir amer, car je me suis rendu compte des choses bien trop tard. Je me rendais régulièrement dans une de nos usines qui « n'allait pas très bien ». J'avais récemment remplacé le directeur qui était là depuis une dizaine d'années, car je sentais bien qu'il y avait un problème, sans pouvoir réellement l'identifier. Le chef d'entretien, de son côté, était parti à la retraite. J'étais donc avec le nouveau directeur de l'usine et le nouveau chef d'entretien, nous visitions le service entretien. Le nouveau chef appelle alors l'un de ses ouvriers mécaniciens. C'était un colosse d'environ cinquante-cinq ans que je connaissais de vue, pour l'avoir salué régulièrement avec ses collègues lors des visites d'usine. Le directeur lui dit alors : « Présentez donc et expliquez à M. Soriano le système que vous avez imaginé et mis en œuvre pour rendre étanches les presse-étoupes des pompes ! »

Cet homme m'a alors présenté un système très astucieux qui donnait satisfaction totale, avec des économies de maintenance importantes à la clé. Il l'avait imaginé et réalisé lui-même. Le directeur avait déjà décidé de lui octroyer une prime exceptionnelle, et c'était bien.

J'ai félicité chaleureusement notre homme et c'est alors que j'ai été cruellement surpris de l'entendre ajouter : « Mais attendez Monsieur, ce n'est pas fini, j'ai d'autres idées auxquelles je vais m'attaquer prochainement, *maintenant qu'enfin on nous écoute* ! »

Et notre homme de m'expliquer qu'avec l'ancien directeur et l'ancien chef d'entretien, il fallait « fermer sa gueule ». Je suis resté abasourdi et, je dois dire, confus.

Je me sentais un peu coupable de ne m'être pas rendu compte de cela auparavant. Je tenais là, sans doute, l'une des explications majeures de la mauvaise performance de cette usine. Certes, j'avais « remercié » le directeur parce que je sentais bien que quelque chose n'allait pas, mais je n'avais pas pris toute la mesure du problème. On avait tué l'initiative et installé le silence. Du même coup, aucune information remontante sur le problème ne m'était parvenue. Je savais malheureusement que dans ces conditions les choses ne se redresseraient pas facilement. Il faut bien du temps avant que la confiance et l'initiative ne reviennent. C'est bien le maître mot : *la confiance.*

Construire la confiance

En effet, l'information remontante, cette respiration qui fait vivre l'entreprise, ne peut exister que si la confiance existe. Le chef doit faire confiance au subalterne et le subalterne doit savoir qu'il peut compter sur son chef en toutes circonstances. Il sait alors que son chef va l'écouter, être attentif, et tenir compte de ce qu'il dit. Sans l'information remontante les décisions peuvent ne pas être conformes aux désirs et aux attentes des personnes. La direction ne sait pas ce que pensent les employés, elle est aveugle.

Je voudrais donner un autre exemple qui témoigne de la nécessaire confiance et de l'impérieuse nécessité de cette information remontante. Le directeur d'une société récemment acquise (deux-cent-soixante personnes) était en congé pour la semaine. En son absence, une urgence s'est présentée. Ne voulant pas déranger le directeur pendant ses congés, j'ai pris contact avec le directeur du service du personnel de la société concernée. Nous avons examiné ensemble la façon de réagir. Je lui ai alors demandé de préparer une note pour le personnel que je devais signer en qualité de président de la société.
Par principe, je n'aime pas trop cette façon de procéder, car j'ai l'habitude de ne pas intervenir en lieu et place des directeurs. J'ai donc demandé que le directeur de l'usine soit informé par téléphone, sur son lieu de vacances, de la démarche entreprise.
L'information remontante ne s'est pas fait attendre. Le directeur m'a appelé au téléphone, furieux, pour me dire : « Monsieur, je ne suis pas d'accord sur votre note. Je connais bien le contexte et je ne souhaite pas que l'on réagisse de la sorte. Même en congé, je peux très bien régler cette question moi-même. Vous auriez dû m'en parler avant, et je m'en serais occupé. »

En d'autres termes, il voulait dire : « Occupez-vous de vos affaires et n'improvisez pas ! » Il était en colère et il fallait qu'il le dise. Je n'ai pu que reconnaître le bien-fondé de sa position. J'avais, en effet, omis de prendre en compte certains éléments de la situation qui m'étaient inconnus. J'étais à la fois contrarié, mais aussi particulièrement satisfait de sa réaction.

Qu'un membre de l'encadrement puisse dire « non » au dirigeant est une chose très précieuse ! C'est le meilleur gage qu'on ne laissera pas passer les erreurs.

La contestation positive, un bien très précieux

Il faut pour cela que la confiance existe. Autrement dit, que celui qui relève une erreur ou un dysfonctionnement au niveau hiérarchique supérieur n'ait pas peur de le dire. Il faut qu'il sache d'avance que sa réaction sera considérée comme positive et non comme polémique. Toujours à propos de l'exemple que je viens de citer, j'en ai reparlé par la suite avec le directeur en question et nous en avons plaisanté, d'autant que nous avions l'habitude de travailler ensemble de façon assez proche. Je me suis souvenu alors de sa réaction à la fin des cycles de formation que j'avais initiés avec l'aide du Centre de perfectionnement des entreprises. Il m'avait dit à la sortie de la cession : « J'ai bien compris, je crois, ce que vous attendez de votre encadrement, je suis tout à fait d'accord avec le principe et vous pouvez compter sur moi ! » Nul doute qu'il avait bien retenu la leçon !

J'ai opté délibérément pour ce type de fonctionnement que je souhaite voir mis en pratique et je n'ai jamais eu à le regretter.

R64 1°) **Je considère en effet qu'un membre de l'encadrement ou un directeur qui est toujours d'accord, qui dit toujours « oui », n'est pas à sa place. Il faut des caractères et des gens qui ont le courage d'apporter la contestation positive et d'autres idées.**

2°) **En effet, celui qui est en désaccord, celui qui dit : « non, ce n'est pas comme cela qu'il faut faire », doit être capable d'apporter une contre-proposition ou pour le moins expliquer clairement son point de vue. C'est une question de crédibilité.**

L'information remontante ne peut fonctionner que s'il y a acceptation par la hiérarchie des remarques ou contestations constructives qui peuvent émerger de la part de leur personnel. Il est un exemple historique que j'ai relevé au cours d'un séminaire et je dois vous le livrer tant il est savoureux.

Cela se passe sous le règne d'Henri IV. Le roi était sur le point d'opter pour une séparation entre les quartiers riches et les quartiers pauvres de la capitale. C'était la solution que certains lui avaient suggérée et qui avait sa faveur. Toutefois, un certain François Miron (2), personnalité importante puisque prévôt des marchands, n'était pas de cet avis et décida d'écrire au roi pour présenter en quelque sorte, sa démission :

> *Permettez que je me retire, en jurant fidélité au Roi, j'ai promis soutenir la royauté. Or Votre Majesté me commande un acte pernicieux à la Royauté. Je refuse. Je le répète à mon cher Maître et Souverain bien-aimé.*
>
> *C'est une malheureuse idée de bâtir des quartiers à usage exclusif d'artisans et ouvriers. Dans une capitale où se trouve le Souverain, il ne faut pas que les petits soient d'un côté et les gros et dodus de l'autre. C'est beaucoup mieux et sûrement quant tout est mélangé. Nos quartiers pauvres deviendront des citadelles qui bloqueraient nos quartiers riches. Or comme le Louvre est la partie belle, il pourrait se faire que les balles vinssent ricocher sur votre couronne.*
>
> *Je ne veux pas, Sire, être le complice de cette mesure.*
>
> *François Miron*

Réponse du roi Henri IV :

> *Compère, vous êtes vif comme un hanneton, mais à la fin du compte un brave et loyal sujet. Soyez content, on fera vos volontés et le roi de France ira longtemps à votre belle école de sagesse et de prud'homie. Je vous attends à souper et vous embrasse.*
>
> *Henri IV*

Et notre bon Roi renonça effectivement à son projet.

Quelle belle leçon pour nos entreprises, certes, mais aussi pour nos gouvernants ! Est-ce que notre république et ses dirigeants acceptent aujourd'hui les idées différentes des leurs de la même manière que les

rois de l'époque ? On pourrait alors se poser la question légitime de savoir qui sont les despotes…
Une belle leçon aussi sur la création des banlieues ghettos qui nous posent aujourd'hui tant de problèmes. Peut-être était-ce prévisible ? Décidément, nous retenons bien mal les leçons de l'Histoire !

Chapitre 9

FAIRE DISPARAÎTRE LES RUMEURS

Nous venons de voir l'importance de la circulation de l'information, les difficultés que l'on peut rencontrer pour cela, et certaines façons de les surmonter. Toutefois, les « informations » que sont les *rumeurs* circulent par contre bien souvent sans que l'on y prête garde et on a bien tort ! En effet, les rumeurs sont sans doute les choses les plus difficiles à contrôler, mais aussi et surtout, les plus dévastatrices, tant dans la vie sociale que dans la vie de l'entreprise.

La rumeur, impalpable et pernicieuse

On peut insidieusement déstabiliser ou détruire complètement une personne ou une organisation. Il est possible de faire courir les rumeurs les plus folles et ceci d'autant plus aisément que les personnes ou les organisations auxquelles on s'attaque ont une image floue qui peut prêter à l'installation du doute.

L'actualité nous fournit quotidiennement des exemples de personnes traînées dans la boue sans aucune raison objective valable. On a même quelquefois l'impression que les mandataires de justice eux-mêmes ont de la difficulté à s'extraire des idées véhiculées par l'opinion publique et les médias. La justice peut quelquefois avoir tendance à condamner, parce que la *vox populi* et la rumeur se manifestent, et qu'elles sont confondues alors avec une vérité que l'on ne s'efforce même plus de rechercher, puisqu'il semble qu'on la connaisse déjà.

Un exemple simple : cela se passe dans un immeuble d'une quarantaine d'appartements, Mme X... rencontre Mme Y... La conversation s'engage : « La voisine du troisième, vous savez, la blonde aux cheveux longs et bien, vous savez, il paraît qu'elle trompe son mari et ce ne serait pas la première fois ! Le pauvre, il n'est pas souvent là, il se déplace beaucoup pour son travail, et vous vous rendez compte, ils ont trois enfants !

– Ah bon ? Et comment vous savez ça ?

– Oh ! Je ne peux pas vous le dire... ou alors il faut que ça reste entre nous, il ne faudrait pas que cela se sache... Je le tiens d'une personne qui la connaît bien puisqu'elle habite à côté. Pas plus tard qu'hier, elle l'a aperçue au bras d'un type qui n'est pas d'ici et ils sont partis en voiture ! »

Ainsi Mme Y... va-t-elle à son tour raconter cette histoire à d'autres personnes de l'immeuble en rajoutant ses propres commentaires. D'ici à quelques semaines, notre blonde voisine du troisième étage sera quasiment considérée comme une prostituée dans tout l'immeuble.

En réalité, cette brave femme sans histoires avait l'inexcusable habitude de porter des tenues un peu voyantes. Comble de maladresse, elle était partie un jour au bras de son cousin venu la visiter lors d'un voyage éclair. Cela sans donner d'explication à personne, et surtout pas à sa voisine, avec qui elle entretenait des relations plutôt tendues. On imagine aisément la suite...

C'est ainsi que l'on peut détruire la réputation de quelqu'un, uniquement par une rumeur.

Un autre exemple, pris cette fois-ci dans le monde de l'entreprise : M. F..., chef du service logistique, dirigeait son équipe d'une vingtaine de personnes avec une certaine autorité, sans pour autant avoir des relations tendues avec son personnel. Son adjoint, M. L... était beaucoup plus affable et ils constituaient à eux deux un tandem très efficace. Un jour un entretien un peu vif eut lieu entre le chef de service, M. F..., et le directeur de l'usine. Cet entretien musclé eut lieu en présence d'autres personnes, ce qui fut, bien entendu, une erreur. L'une d'elles, sans doute bien intentionnée, émit ensuite l'hypothèse devant quelques collègues que le chef de service pourrait bien se faire virer car « il est un peu trop autoritaire et, de plus, il ne s'entend pas avec le directeur. » La rumeur se répandit dans l'usine que M. F... allait être licencié et qu'on lui cherchait un successeur. Le bruit couru même que ce pourrait bien être son adjoint, M. L... qui allait le remplacer. De bonnes âmes rapportèrent la rumeur séparément au chef et à son adjoint. Les relations dans le service devinrent rapidement très tendues jusqu'au jour où le directeur, qui eut aussi vent de la rumeur, réunit tout le service pour démentir et remettre les pendules à l'heure. Mais le mal était fait et la machine à broyer avait déjà fait son œuvre, M. F... était déstabilisé. Quelques mois plus tard il remettait sa démission et partait chez un concurrent. Quel gâchis ! Et cela ne s'arrête pas là, car du même coup l'adjoint, M. L..., se trouva éclaboussé. Certains lui attribuèrent même l'initiative de la rumeur dans le but de prendre la place, alors que le pauvre homme n'y était strictement pour rien. Il était donc, dans ces conditions de suspicion, difficile de lui confier la responsabilité du service, etc.

On voit donc les ravages que peuvent causer les rumeurs même lorsqu'elles sont démenties. Rappelons-nous ce consternant adage populaire qui illustre bien une terrible réalité dont certains n'hésitent pas à faire usage : « Médisez, médisez, il en restera toujours quelque chose ! » Ou bien encore cette maxime, pleine d'innocence, qui semble ignorer la perfidie de ceux qui lancent la rumeur : « Il n'y a pas de fumée sans feu ! »
On considère ainsi que celui que la rumeur accuse a forcément quelque chose à se reprocher. Le mal est fait, même s'il s'avère que cela n'était pas fondé. La rumeur laisse toujours des traces... « On ne sait pas tout, ... on ne nous a pas tout dit... il y a sans doute quelque chose, puisqu'on en parle ! » C'est tout simplement terrifiant, mais que peut-on faire pour l'éviter ?

Un pare-feu contre la rumeur

Les moyens de réaction sont limités dans la vie courante, mais ils existent dans l'entreprise. Tout d'abord, l'ensemble de la hiérarchie doit être

sensibilisé aux conséquences de la rumeur et une attitude très ferme doit leur être demandée : celui qui lance la rumeur tout comme celui qui la colporte doivent être sanctionnés.
Alors comment réagir ? Tout d'abord, la rumeur est assez facile à repérer car elle commence généralement ainsi :
– « Il paraît que… » ;
– « Le bruit court que… » ;
– « On m'a dit que… » ;
– « Il semblerait que… » ;
– « J'ai entendu dire que… »

Sans vouloir trop insister, on comprend bien qu'ici aussi le « **réflex** » doit être de questionner : « De qui tenez-vous cela ? » Si votre interlocuteur vous répond : « Je ne peux pas vous le dire, mais c'est quelqu'un qui connaît bien… ». Alors il faut vraiment être ferme. « Monsieur, vous savez ce qu'est que la rumeur ! Et c'est vous qui la colportez ! Si vous ne voulez pas dire qui est à son origine, dispensez-vous de la rapporter à quiconque sans quoi vous vous faites complice et participez à une œuvre de démolition. La seule réaction que vous puissiez avoir est de demander à l'émetteur de se taire et de le mettre en garde devant la malhonnêteté du procédé. »
Si, en revanche, la personne révèle de qui elle tient ses propos, il y a alors deux cas de figure :

1°) Il s'agit d'une information vraie : il n'y a donc pas à la cacher. Il faudra se poser la question de la rendre publique très directement, de façon à éviter les bruits de couloir et les déformations éventuelles. S'il s'agit d'une information qui aurait dû rester confidentielle, il faudra aussi se poser la question de l'origine de la fuite.
2°) Il s'agit d'une pure rumeur, sans fondements. Il faut alors remonter la chaîne de transmission afin de tuer la rumeur dans l'œuf. Bien entendu, il faut au passage sanctionner, si nécessaire, les personnes éventuellement mal intentionnées par une lettre de recadrage ou d'avertissement, et surtout instituer à tous les niveaux les « **réflexs** » suivants :

R65 **1°) Si tu ne veux pas me dire de qui tu tiens cette rumeur, alors je ne veux même pas l'entendre et tu es fautif de d'en parler, telle est la règle dans l'entreprise. Tu es complice !**

R66 **2°) Si tu me dis de qui tu tiens la rumeur, alors tu devais remonter la chaîne et faire taire ces bruits de couloir. Ou bien, s'il y a un fondement, donner une information claire.**

Il est absolument nécessaire de faire acquérir ces automatismes dans l'entreprise et à tous les niveaux. Rapidement l'autocensure individuelle ne permettra plus alors à la rumeur de se répandre.

La technique de la rumeur est aussi quelquefois utilisée dans la guerre économique à laquelle se livrent certaines entreprises pour déstabiliser ou pour décrédibiliser un concurrent. Ce sont par exemple des rumeurs insidieuses lancées sur la qualité et la fiabilité des produits, sur la probité des dirigeants, sur la solidité financière ou le sérieux du service après vente... On peut dire à coup sûr que les sociétés qui utilisent de façon délibérée ces stratagèmes ne sont pas très sérieuses et, tôt ou tard, cela se retourne contre elles.
En effet, les acheteurs ou les clients ont tôt fait de comprendre ce qui se passe et, d'une façon générale, ils aiment bien se faire leur propre opinion en jugeant sur pièce. Ils n'aiment pas qu'un concurrent de leur fournisseur leur dise ce qu'il faut en penser. Le procédé est souvent très mal perçu et décrédibilise la personne qui tient ces propos.

Chapitre 10

COMPRENDRE LES JEUX DE POUVOIR

Les rumeurs que nous venons d'évoquer sont quelquefois utilisées sciemment pour tenter d'influencer ou d'obtenir certains comportements. Elles sont alors de détestables outils des jeux de pouvoir. De façon plus large, les jeux de pouvoir sont très fréquents dans les entreprises et Jean-Jacques Crèvecœur, que j'ai eu l'occasion de voir s'exprimer sur ce sujet, en donne une bonne définition et en fait une synthèse résumée ci-après : « Il y a jeu de pouvoir si je suis capable de faire faire ou de faire dire, de faire penser ou de faire ressentir quelque chose à quelqu'un sans vraiment en prendre la responsabilité ». En quelque sorte le jeu de pouvoir consiste à influencer l'autre de façon détournée, sans en avoir l'air, et en paraissant étranger à la réaction que notre attitude va induire.

Ce jeu de pouvoir relationnel s'ajoute toujours au pouvoir hiérarchique et l'influence souvent lourdement. Les jeux de pouvoir, que ce soit dans la vie courante ou dans l'entreprise, sont nombreux, en voici quelques exemples :

- Je parle à haute voix : « Oh ! lala ! C'est trop lourd, c'est difficile, je ne vais pas y arriver tout seul... » Celui qui est à côté va venir m'aider sans que je n'aie rien demandé. Alors que j'aurais dû dire : « Pouvez-vous m'aider, je ne peux pas y arriver tout seul ? »
- Je ne sais pas comment résoudre un problème et je l'exprime à haute voix sans m'adresser à qui que ce soit. Je peux aussi gesticuler, sans prononcer aucune parole, de manière à marquer clairement ma difficulté afin que tout le monde comprenne. Jusqu'au moment où quelqu'un me donne la solution, ou propose son aide sans avoir été directement sollicité. Alors que j'aurais dû dire simplement : « Savez-vous comment il faut faire ? »
- Ma voiture est en panne, je ne sais pas comment faire pour rentrer chez moi ce soir. Je m'arrange pour que mon entourage le sache

sans toutefois solliciter qui que ce soit. Quelqu'un à qui je n'ai rien demandé va finir par proposer de me raccompagner, alors que j'aurais pu demander directement de l'aide.

Bien souvent, il n'est du reste pas nécessaire de dire quoi que ce soit. Par de simples attitudes, gesticulations, marques d'agacement, regards, je vais influencer l'autre, sans prendre aucune responsabilité sur la réaction que cela va engendrer. Dans ce type de situation, quand les choses tournent mal, vous avez sans doute déjà entendu dire : « Ah, mais je ne t'ai rien dit,... je n'ai rien demandé ! » C'est donc bien une façon de faire réagir l'autre sans en prendre la responsabilité.

Comment abuser de sa secrétaire ?

Mais oui, c'est parfaitement possible et de plus, avec son consentement. Cependant il faut que je vous rassure tout de suite : il ne s'agit pas de sexe. Ces abus peuvent d'ailleurs se manifester vis-à-vis de n'importe quel collaborateur.

Exemple : il est 16 h 30 et la journée de travail dans les bureaux se termine à 17 heures. Une urgence se présente chez le directeur commercial. Il est impératif de réaliser une statistique pour demain. Cela va nécessiter la sortie de nombreux dossiers et demandera un travail de plus de deux heures. Or, le directeur commercial avait prévu ce soir-là de préparer la réunion du lendemain avec le premier client de la société. Il compte bien décrocher un marché important qui est vital pour l'entreprise. S'il le rate, il y aura des conséquences sociales en termes d'emplois. L'enjeu est donc conséquent. Que se passe-t-il alors ? Le chef laisse la porte de son bureau ouverte. Il fait les cent pas et commence à marmonner pour que sa secrétaire, qui est au courant de l'urgence, puisse entendre ce qu'il dit : « Eh bien ! Ça y est, je suis dans la m... Je ne peux pas arriver à tout faire, et les deux autres qui ne sont pas là ! Je n'aurai jamais le temps. Si on perd ce marché, on est foutu ! »
Tant et si bien que sa secrétaire, à 16 h 45, propose : « Écoutez Monsieur, je vois bien ce qui arrive ! Si vous voulez, je vais téléphoner chez

moi pour dire que j'arriverai tard et demanderai à mon mari de s'occuper des enfants. Comme cela, je pourrai faire la statistique et vous aurez le temps de préparer votre réunion de demain avec le client ! »
« Ah ! Merci, Madeleine, merci... vraiment ! Vous me sauvez la vie... » réponds le directeur commercial. Et la vie reprend son cours.

Influencer l'autre insidieusement, c'est malsain

Certes, le problème est résolu, mais c'est une violation de la volonté. Si le directeur commercial renouvelle deux ou trois fois le même scénario, un beau jour Madeleine n'entendra plus ce que marmonne son chef. Ce dernier se retrouvera seul pour faire le boulot urgent. De plus, Madeleine sera insatisfaite et se sentira quelque part un peu coupable de désertion alors qu'elle sait que l'on a besoin d'elle. Mais après tout, on ne lui a rien demandé !
Le chef de son côté se dira : « Elle a bien vu que j'avais besoin d'elle, et elle me laisse comme ça, ce n'est pas sympa ! » Ainsi la relation va progressivement se dégrader entre eux, uniquement en raison des non-dits. Ce sont là des jeux de pouvoir.

On remarquera que chacune des deux personnes peut faire cesser le jeu de pouvoir. Celui qui en est à l'origine, bien sûr, le chef, qui aurait pu dire simplement : « Voyez, Madeleine, je suis pris de court et j'ai besoin de votre aide ce soir. Vous est-il possible de rester deux heures de plus ? » Et Madeleine acceptera, pour peu qu'elle sache que lorsqu'elle aura besoin d'une demi-journée, elle lui sera accordée de bon cœur et sans retenue de salaire.
Les relations vont alors devenir saines et directes, sans sous-entendus et non-dits. On peut même dire que c'est réellement une équipe qui va se former, pour faire face aux contraintes du travail.
Madeleine aurait très bien pu, elle aussi, refuser d'entrer dans ce jeu de pouvoir et dès la première fois dire à son chef : « La prochaine fois que vous avez ce type de problème, si vous voulez que je vous aide, dites-le moi clairement et le plus tôt possible. Cela me permettra de m'organiser

pour les enfants, sans quoi cela risque d'être impossible ». Dans ce cas, bien entendu, il appartient au chef de tenir le plus grand compte de cette demande sans quoi le malaise ne va faire que grandir.

Comment sortir du jeu de pouvoir ?

Le jeu de pouvoir se construit toujours sur une complicité circulaire, consciente ou non. Il s'agit de briser ce cercle infernal en refusant d'entrer dans le jeu des non-dits et des sous-entendus. Il doit donc bien y avoir « **réflex** » immédiat à chaque fois que l'on perçoit qu'un jeu de pouvoir est en train de se mettre en place.

La solution ne consiste jamais à se contenter de ne pas répondre à la sollicitation non exprimée ou au non-dit de l'autre. En effet, cela renforcerait le malaise des deux parties et provoquerait également des culpabilités induites, appartenant, elles aussi, au non-dit. Au contraire, il faut aller vers l'autre et lui dire : « Écoutez, dites-moi clairement si vous souhaitez que je vous aide ou ce que vous attendez de moi ! »

Il en résulte des règles à respecter que met clairement en évidence Jean-Jacques Crèvecœur :

R67 1°) **Il ne faut pas prendre en charge le problème de l'autre tant qu'il n'a pas clairement demandé de l'aide.**
R68 2°) **Il ne faut pas interpréter ce que l'autre essaye de me dire de manière indirecte, mais provoquer une explication claire.**
R69 3°) **De façon symétrique, de mon côté, je dois faire en sorte que ce que je veux exprimer soit toujours explicite et ne pas chercher à faire pression par des voies détournées.**

Il faut donc éradiquer définitivement l'*a priori,* le non-dit, et le sous-entendu. Ne pas chercher à influencer ou à faire agir l'autre, autrement que par des attitudes franches et délibérées où la demande, l'opinion ou le ressentiment sont clairement exprimés.

Il faut toutefois préciser que les jeux de pouvoir sont couramment utilisés, précisément quand l'objectif est d'influencer l'autre. Mais soyons clair, cela ne peut être compréhensible et admissible que dans des cas bien précis. Il s'agit alors d'un « jeu volontaire » dans lequel je cherche à influencer l'autre par des attitudes ou des faux semblants dans le but de l'amener à réagir dans le sens que je souhaite sans le dire de façon explicite.

Exemple : Une négociation commerciale ou financière avec un client ou un fournisseur. Après d'âpres discussions, je vais finalement ranger mes papiers et fermer ma sacoche en marquant ma déconvenue, comme si la discussion était terminée et que j'étais prêt à partir alors que dans le fond, je veux poursuivre et aboutir. C'est alors là que le fournisseur, ayant peur de perdre le marché, va consentir une remise supplémentaire de dernière minute.

Il s'agit bien d'un jeu de pouvoir, ici aussi, mais avec une différence de taille. Je porte de façon très consciente et j'accepte par avance les conséquences éventuelles de mon jeu. Si le fournisseur ne cède pas et reste sur sa position, c'est la rupture. Il faudra bien alors que j'assume et que je trouve un autre fournisseur, au moins aussi performant que celui-ci.

Il apparaît ainsi clairement que **la négociation fait couramment appel au jeu de pouvoir**. En revanche, il y existe un équilibre qui s'installe entre les deux protagonistes et les règles sont finalement connues à l'avance. Chacun cherche à influencer l'autre mais avec le désir d'aboutir à un accord, à un compromis. Chacun connaît clairement les risques et porte l'entière responsabilité des conséquences de sa façon de mener la discussion. C'est cette différence qui est essentielle.

Chapitre 11

SAVOIR GÉRER UN CONFLIT

Nous venons de voir que les jeux de pouvoir peuvent engendrer progressivement une dégradation des relations et de la confiance. Il n'est pas impossible d'ailleurs que par réaction, des jeux de pouvoir non gérés puissent conduire au conflit.
Je suis convaincu que le conflit a toujours pour origine de mauvaises relations entre les personnes. Certes, il peut s'agir de ce que certains appelleront une antipathie, mais qu'est-ce d'autre qu'une difficulté originelle à communiquer, donc à se comprendre ? C'est bien alors la relation qui est en jeu !

Ce sont des faits, des actes, des positions exprimées ou des attitudes qui déclenchent un conflit dans l'entreprise. Ces faits ne font que révéler une mésentente ponctuelle, mais quelquefois un conflit plus ancien et souvent plus profond. Il faut bien comprendre que les personnes impliquées alors, ne peuvent être disqualifiées, *a priori*, en tant que telles. Il s'agit essentiellement d'une question de relations. Aussi les nombreuses observations faites sur ce sujet m'ont-elles conduit à conclure : « **Il n'y a pas de mauvaises gens, il n'y a que de mauvaises relations.** »

Essayons d'analyser les choses plus en profondeur. Dans une entreprise, les sources de conflit peuvent être de différentes natures. Par exemple, lorsqu'une restructuration ou une réorganisation est annoncée, un conflit peut naître dans l'entreprise. C'est même fréquent, mais le conflit serait-il né si les choses avaient été suffisamment bien préparées en amont ? Il s'agit en effet de les présenter de manière à ce que chacun puisse intégrer la situation difficile que vit l'entreprise. Le bien-fondé et la nécessité de cette restructuration doivent être explicités de façon à être bien compris.

Cela n'exclut pas, évidemment, qu'il puisse y avoir des situations tendues, des explications un peu vives et un désarroi bien compréhensible. Toutefois, il est souvent possible d'éviter le conflit profond et l'incompréhension qui conduit au blocage... Mais pour cela il y a un préalable incontournable.

La relation d'origine doit être correcte

R70 Il faut être bien clair sur une chose : il est illusoire de penser pouvoir éviter le conflit si la relation n'est pas correcte au préalable (relation direction/personnel). La situation de départ doit être saine, c'est dire que la confiance doit exister, bien avant que n'apparaissent les perturbations.

Il est important, pour apaiser ou modérer un conflit naissant, de s'adresser à l'entendement de chacun afin qu'il puisse prendre individuellement le recul nécessaire à la réflexion. C'est sans doute le plus difficile à réaliser, surtout lorsqu'on se trouve dans la configuration potentielle d'un conflit de masse.

Adapter son comportement dans le dialogue

Croyant ou pas, peu importe, ce n'est pas le sujet, mais l'histoire nous donne dans la Bible un exemple significatif qui illustre superbement le mode de communication permettant d'éviter le conflit :
la foule s'apprêtait à lapider une femme pour la punir de son adultère. Jésus, que l'on était allé chercher, s'approcha et dit : « Que celui qui n'a rien à se reprocher lui jette la première pierre ! » Et personne n'osa le faire, personne n'étant parfait. La femme fut ainsi sauvée et le conflit totalement désamorcé. (8) L'art de désamorcer une confrontation naissante par la communication est ici illustré de façon souveraine.

L'art de la communication, c'est aussi l'art du comportement dans le dialogue. Le conflit se produira si le dialogue n'existe pas ou si le comportement dans le dialogue n'est pas authentique. Cela sera inévitable si

l'autre ressent de la tension, ou bien la mauvaise appréciation que nous avons de lui, ou encore perçoit, à travers notre attitude, ce que nous pensons de lui.
Cette citation de l'un de nos grands anciens montre bien la voie à suivre : « Conduisez-vous avec les gens comme s'ils étaient ce qu'ils devraient être, afin qu'ils le deviennent. » (5) Gœthe.

Éric Jauffret, sociologue, a raconté lors d'une conférence une histoire qu'il tenait de l'une de ses auditrices. Très tard un soir, cette dernière rentra chez elle à pieds. Les rues étaient désertes et un homme, sortit d'un renfoncement, se mit à la suivre. Il se mit à accélérer au fur et à mesure qu'elle pressait le pas et il se rapprochait d'elle rapidement. Elle comprit alors qu'elle allait probablement être agressée, pour son sac... ou pour autre chose. Toujours est-il que dans sa peur panique, elle eut une réaction non préméditée qui a sans doute sauvé son sac et peut être aussi sa vie... Elle s'arrêta subitement de marcher, se tourna vers l'individu et fit un pas vers lui. L'homme, surpris, marqua alors un temps d'arrêt et elle lui dit : « Monsieur, je suis contente que vous soyez là, les rues sont désertes et je ne suis pas tranquille, pourriez-vous me raccompagner jusqu'à ma porte, c'est un peu plus loin ? » L'individu parut paralysé pendant deux secondes puis il dit : « Bien sûr, madame » et il la raccompagna, sans rien dire, sur les quelque cinquante mètres qu'il restait, jusqu'à sa porte. Elle rentra ainsi chez elle sans ennuis, mais se jura de ne plus rentrer seule à pied, aussi tard dans la nuit.
Que s'est-il donc passé ?

R71 C'est exactement le schéma évoqué par Gœthe qui s'est réalisé grâce à ce « réflex » : « Conduisez-vous avec les gens comme s'ils étaient ce qu'ils devraient être, afin qu'ils le deviennent. »

Notre homme avait, en une seule phrase, changé de statut. D'agresseur potentiel, il était devenu « le défenseur de la veuve et de l'orphelin ». Il ne pouvait plus agresser, puisqu'on le considérait au contraire comme un protecteur.

Nous sommes ici sur une position très dogmatique, mais fondamentale de la gestion des conflits. Car pour sortir d'un conflit, « il faut que personne ne perde la face. Il est quelquefois nécessaire de se donner de l'espace et du temps afin que chacun retrouve ses marques. » (5)

Il m'est arrivé à plusieurs reprises, dans mes fonctions de dirigeant, de devoir intervenir dans des conflits de personnes concernant la hiérarchie. Je les ai toujours traités d'une façon similaire et l'exemple que je donne ci-après est assez représentatif. Il s'agissait de deux membres de l'encadrement qu'il était impossible de faire travailler correctement ensemble. Ils se détestaient et ne pouvaient donc résoudre harmonieusement les problèmes entre leurs services. La mésentente était de notoriété publique et semblait définitive.
C'était donc un cas de figure où il fallait faire preuve de détermination. Après avoir observé la réalité du problème, j'ai décidé de les réunir dans mon bureau, sans en informer quiconque, afin qu'ils ne perdent pas la face. J'ai fait le constat de leur mésentente et coupé court à toute tentative de justification qui ne pouvait que dégénérer en dispute, ce dont je ne voulais pas. J'ai précisé qu'il leur appartenait de régler ce problème entre eux, à l'amiable. Mes commentaires leur ont permis de comprendre que j'appréciais les qualités personnelles de chacun d'eux, mais que l'intérêt de l'entreprise ne pouvait s'accommoder de la situation de blocage entre leurs deux services, due à leur mésentente.
J'ai exigé qu'ils se voient systématiquement une heure tous les jours, et discutent pour régler les problèmes. De plus, je leur ai demandé de faire en sorte que leurs collaborateurs se rendent compte qu'ils travaillaient désormais ensemble, en précisant qu'ils me rendraient compte une fois par quinzaine et que je leur faisais confiance pour débloquer la situation. Toutefois, j'ai rajouté que le *statu quo* ne serait pas admis et qu'en cas d'échec, je devrais malheureusement, mais inévitablement, me séparer d'eux !

Dans les quelques cas, finalement similaires, rencontrés dans différentes entreprises, le conflit a été résolu assez rapidement par cette méthode. Sans que cela soit la franche camaraderie pour autant, les relations sont redevenues normales et surtout professionnelles, car je leur avais donnés la raison d'une alliance objective.

R72 **1°) L'aspect psychologique important dans ce cas de figure, c'est que les deux protagonistes ont été confrontés au même problème : le risque de se faire licencier, sils ne réussissaient pas à s'entendre. La règle consiste donc à trouver la contrainte qui va amener deux personnes à avoir intérêt à travailler ensemble ; c'est alors gagné !**

Donner les raisons d'une alliance objective

Il est des cas plus confus, où la mésentente n'est pas clairement qualifiée car elle n'est pas uniquement une question de personnes. Il se peut en effet que le contexte organisationnel, ou les difficultés inhérentes à la situation, induisent des tensions entre des personnes avec une non-résolution de certains problèmes, sans pour autant que l'on puisse clairement mettre en cause les bonnes volontés.

Il existe une méthode qui a fait ses preuves dans ces cas-là et qu'il convient alors de mettre en œuvre. Elle n'est à utiliser par le chef N+1, que si celui-ci n'est pas à même de solutionner la question directement et de façon simple. Elle consiste à nommer une personne de l'entreprise que j'appellerai « arbitre » ou « facilitateur », selon les cas. Celui-ci doit être, bien entendu, totalement étranger aux difficultés et capable d'avoir le recul nécessaire. Il va recevoir les personnes concernées, les écouter et mener les investigations nécessaires à la compréhension du problème. Il rendra ensuite ses conclusions qui, après validation par N+1, devront être impérativement suivies par les protagonistes.

Cette méthode est aussi très efficace, sous réserve que chacun sache bien que s'il ne respectait pas scrupuleusement ce qui a été décidé, la sanction serait, là aussi, inévitable.

Voici un autre cas, où le conflit a été traité de façon très différente, et dans lequel j'étais directement impliqué comme acteur. Nous allons voir à cette occasion une autre exigence, non moins importante.

Savoir toujours se faire respecter

J'avais vingt-cinq ans lorsque j'ai été embauché à mon premier poste d'ingénieur, c'était dans le groupe Schneider (société SGTE.) Nous avions en charge l'ingénierie et la réalisation de l'ensemble des laminoirs de l'usine Solmer à Fos-sur-Mer. Sur cet immense chantier, il y eut jusqu'à dix milles personnes et l'organisation était très importante et complexe. J'étais sans doute l'un des plus jeunes ingénieurs, et avais en charge l'équipe responsable de l'ingénierie, de la coordination et de la réalisation des réseaux fluides de la partie laminoirs. Trois ans plus tard, le chantier était en pleine effervescence.
Je rendais compte à mon directeur, M. Dubois, mais aussi au client, dont des responsables de haut niveau assistaient aux différentes réunions de chantier et validaient les travaux.
Depuis quelque temps, j'avais senti que l'un d'eux ne m'aimait pas trop. Il m'avait d'ailleurs déjà fait des remarques aussi désagréables qu'injustifiées, peut-être à cause de mon jeune âge ou de l'indépendance dont je faisais preuve. Lors de l'une de ces réunions, je me suis retrouvé dans la salle, face au représentant du client, précisément celui avec qui les relations n'étaient pas très bonnes. Il était avec tout son staff et mon directeur, soit au total une bonne vingtaine de personnes. Il m'a accueilli par ces mots : « Voilà les tuyauteurs... vous nous emmerdez !... Toujours les mêmes qui ne sont pas à l'heure... »
Je suis resté médusé d'autant que le matériel n'était pas encore en place. Cela n'était donc pas de notre fait. J'étais à la fois très impressionné par tous les grands chefs présents, mais aussi furieux de la façon dont on me traitait et ne l'ai pas accepté. J'ai alors dit au grand chef : « Monsieur, rien ne justifie ce que vous me dites, je suis jeune, et vous devez avoir trente ans de plus que moi. Vous représentez le client et je vous respecte, mais je n'accepte pas la façon dont vous me parlez. Si vous souhaitez que je vous dise ce que nous pouvons faire pour rattraper le retard des autres, vous me présenterez d'abord vos excuses. Je me tiendrai dans la salle à côté ! » Et je suis sorti avec les deux personnes de mon équipe qui m'accompagnaient.
J'ai entendu quelques éclats de voix dans la salle de réunion, mais quelques instants plus tard, on est venu me chercher. Le Monsieur en

question m'a demandé de ne pas lui tenir rigueur de son langage, car avec tous ces problèmes, il était un peu énervé ! Je n'ai rien ajouté et j'ai présenté le plan de rattrapage que j'avais préparé avant la réunion. Par la suite, non seulement je n'ai plus jamais eu de remarques désagréables de ce Monsieur, mais il est devenu très sympathique et très attentionné à mon égard.
Il est donc tout à fait majeur de savoir se faire respecter et de n'accepter aucun écart. Cela aussi doit être un « **réflex** ». On ne peut remettre sa réaction au lendemain, c'est trop tard !

Les conflits ne proviennent pas uniquement de l'intérieur de l'entreprise, mais aussi de l'extérieur. Il est par exemple fréquent qu'une entreprise se trouve en conflit avec des journalistes à l'occasion d'un accident ou d'un incident (pollution, accident du travail, restructuration...). Le chef d'entreprise considère souvent que le journaliste est partisan et qu'il oriente les reportages d'une façon défavorable à l'entreprise et, surtout, à son management. Le sentiment selon lequel « la musique des médias est celle où l'on n'écoute que les couacs » (6) est en effet très répandu et bien souvent justifié.
Ce type de conflit peut malgré tout, le plus souvent, être évité. Il faut tout simplement établir une relation préalable, « en temps de paix », avec les principaux journalistes régionaux des grands médias. Ils seront à ce moment-là très heureux de visiter le site, lorsque tout va bien, et de faire un reportage. Si un incident survient plus tard, la confiance et le respect étant établis au préalable, l'objectivité sera beaucoup plus évidente. Il est donc autant de cas d'espèce que de conflits, mais il existe toutefois des règles à respecter :

R73 **1°) Il faut impérativement, quelle que soit la situation ou la position hiérarchique, toujours respecter les autres, mais aussi se faire respecter. Celui qui ne respecte pas les autres finit toujours par avoir tort.**
R74 **2°) Le respect et l'objectivité seront toujours plus évidents si l'on a pris soin d'avoir des relations de confiance avant que n'apparaisse un éventuel conflit.**

Il ne faut pas laisser les conflits perdurer dans l'entreprise, mais rechercher les moyens de les dénouer au cas par cas ou, mieux encore, de les éviter. Le conflit est toujours néfaste car, comme le précise utilement Eric Jauffret :

- le ressentiment paralyse la créativité,
- on ne fait rien de positif dans la haine,
- le conflit absorbe toute l'énergie positive.

Or il faut être détendu et serein pour avoir la vigilance et la créativité nécessaires aux exigences de la vie de l'entreprise.

Ne soyons pas non plus en conflit avec nos concurrents, c'est ridicule et totalement contre-productif. Combien de concurrents passent leur temps à s'affronter au lieu de s'occuper correctement de leurs clients ?

Chapitre 12

ÉVITER LA CRISPATION DES SYNDICATS ET LES CLANS

Un élément important des conflits, que nous n'avons pas encore évoqué, est **la propension naturelle des personnes en conflit à rechercher des alliés**. Ainsi des groupes vont se former, des alliances tacites vont se nouer, pour en arriver très rapidement à la constitution de clans. On assiste alors aux dérives qui découlent inévitablement du copinage mais aussi à l'inverse, à l'ostracisme ou au rejet. Bien entendu ces attitudes ne sont pas acceptables, qu'elles se manifestent envers certains collaborateurs de l'entreprise, par rapport aux représentants du personnel ou aux syndicats. Illustrons cela par quelques exemples.

Le gâchis des divisions

Embauché par une filiale du groupe Unigrain, charcuteries, salaisons, conserves située à Peyrolles près d'Aix-en-Provence et employant mille cent personnes, j'occupais alors les fonctions de chef de département. J'étais responsable des services techniques et notamment de l'entretien et des travaux d'investissement.

Le président de la société, Monsieur X..., était malheureusement un homme de clan qui avait constitué autour de lui une cour de fidèles. Il avait peur des syndicats et se méfiait de tous ceux qui n'étaient pas de ses proches. Il cherchait en quelque sorte à se protéger, n'admettant pas que l'on puisse avoir une autre idée que la sienne, interprétant toujours cela comme une agression.

Arrivé depuis peu, je n'étais pas encore « catalogué ». J'avais toutefois réglé, sans attendre, certaines questions avec énergie, aussi on ajouta à mes fonctions la responsabilité d'un autre département (saucissons

secs et produits de cuisine) qui comprenait environ cent cinquante personnes supplémentaires.
Monsieur. X..., me fit venir dans son bureau et me dit : « Je vous ai confié un autre département important, mais je veux être sûr que vous serez des nôtres. » Aucun doute n'était possible. Cela voulait dire : « Je veux être sûr que vous serez de mon clan, et pas avec les méchants qui me font des misères... » Quelle tristesse, c'était pitoyable ! Je lui ai alors répondu calmement : « Monsieur le président, si être des vôtres consiste à défendre les intérêts de l'entreprise, n'ayez aucun doute, c'est mon objectif. Je souhaite aussi vous rassurer, personne ne pourra compter sur moi pour entrer dans des querelles partisanes. Je considère en effet que c'est l'intérêt de l'entreprise qui prime et celui-ci ne peut s'accommoder de l'existence de clans. » J'ai eu droit à un sourire, ou plutôt un rictus, à la fois déconfit et furieux. Il fut dès lors évident qu'il nous serait difficile de travailler ensemble dans ces conditions. Quelque temps plus tard, après avoir trouvé un autre travail, j'ai donc démissionné.
L'entreprise a eu par la suite un certain nombre de conflits et problèmes financiers qui, vu le contexte, n'étonneront personne. Quand celui, dont la charge est de tenir la barre et d'assurer la cohésion, est lui-même la source de divisions, comment peut-on encore s'étonner des dysfonctionnements !

Au-delà de cet exemple presque caricatural, quoique bien réel, il convient, me semble-t-il, d'être prudent dans les amitiés que l'on peut développer dans l'entreprise avec les personnels de niveau hiérarchique différent. Ce n'est pas faire preuve d'ostracisme, mais l'expérience m'a appris que cela peut engendrer des situations extrêmement difficiles à gérer. Il s'agit donc dans tous les cas d'éviter les clans, car le copinage ne peut pas exister.

Proscrire les rivalités autant que le copinage

J'ai relevé un cas de figure édifiant dans cette même entreprise, lors de sa restructuration. Il est apparu nécessaire au directeur industriel, à l'occasion du licenciement collectif, de se séparer d'un responsable qui ne rendait pas le service attendu. C'était une question d'équité vis-à-vis des autres, au vu de l'effort à consentir.

Or, le chef de service en question était très lié au directeur industriel, ils se recevaient chez eux régulièrement et leurs épouses étaient devenues amies. La rupture entre les deux hommes fut dramatique et toute l'entreprise eut droit aux confidences, à l'agressivité et aux sarcasmes du licencié. Nul doute que cela n'a pas été facile pour les deux hommes et leurs épouses.

J'avais beaucoup d'estime pour le directeur industriel qui était un homme de qualité, fiable et intègre, mais je ne peux m'empêcher de penser que si la relation entre les deux hommes avait été plus normale, celui-ci n'aurait sans doute pas hésité à remettre le chef de service sur les rails quand cela n'allait pas. Ce faisant, il lui aurait peut-être évité le laisser-aller qui a conduit à son licenciement. Certes, il a eu le courage exemplaire de ne pas faire de favoritisme et s'est résolu à licencier un ami, justement pour éviter cette notion de clan et de copinage qui fait tant de ravages dans les entreprises. C'est sans doute une expérience qui l'honore, mais durement payée !

Ces deux exemples illustrent clairement l'équilibre des relations qui doivent exister dans l'entreprise. La relation cordiale et l'amitié ne sont certes pas interdites, elles peuvent même être conseillées. Toutefois, il ne faut pas franchir la limite relationnelle qui interdirait l'objectivité et ne garderait pas intacte la capacité de remontrance. En un mot : la constitution de clans d'où découle les passe-droits, le favoritisme et le copinage sont inacceptables dans l'entreprise, tout autant que l'indifférence et les mises à l'écart.

À l'inverse, il s'agit de créer des relations de confiance basées sur le respect mutuel, quelle que soit la position hiérarchique dans l'entreprise.

R75 Les rivalités et les antagonismes ou les climats de crainte ne sont pas plus acceptables que les copinages.

La peur du syndicaliste et le ridicule de la crispation

J'ai vécu dans cette même entreprise un épisode témoignant combien la peur quasi panique de certains dirigeants envers les syndicalistes n'a réellement aucun sens. C'était pourtant le cas de notre président, qui craignait réellement un syndicaliste CGT que l'on pouvait classer parmi les virulents, selon le terme consacré. Ce dernier devait avoir une trentaine d'années et travaillait au service entretien et investissements dont j'avais la responsabilité.
Je devais réaliser deux chantiers importants. L'un consistait en une réorganisation de l'atelier de saucissons secs avec, entre autres, l'installation de machines à brosser, à fariner et à étiqueter les saucissons. L'autre était la création d'un atelier d'expédition, avec préparation et regroupement automatisé des commandes de charcuteries, conserves et plats cuisinés. Je savais qu'à cette occasion j'allais avoir les syndicats sur le dos. En effet, comme toujours, il allait être difficile de faire admettre au personnel de nouvelles méthodes de travail. La nature humaine est ainsi faite que les changements sont difficilement admis et que leur acceptation demande beaucoup de temps et d'attention. J'ai donc décidé de constituer plusieurs groupes de travail dès le début du projet. Rien de très original, me direz-vous, mais cela l'était dans la mise en œuvre. J'ai tellement impliqué tout le monde dans la recherche des solutions, y compris le syndicaliste, que celui-ci a effectivement participé aux choix et pris enfin des positions constructives sans ambiguïté. Ainsi, lors de la mise en place et de la mise en service des équipements, il a fini par se comporter comme un vrai chef intransigeant, à la limite de la rupture avec certains salariés. Lui, syndicaliste, leur reprochait de ne pas s'impliquer ou bien de remettre en cause les choix faits par tous qui étaient donc aussi les siens. Tant et si bien que j'ai dû intervenir pour calmer le jeu ; le but recherché n'était tout de même pas machiavélique au point de se réjouir de ces faits pour le moins cocasses. Le syndicaliste serait-il devenu plus royaliste que le roi ?
Cette situation illustrait clairement une chose simple : (2)

R76 Bien des syndicalistes sont des hommes de pouvoir qui, faute d'évoluer dans la hiérarchie, s'érigent en contre-pouvoir et affrontent, pour exister, la hiérarchie en place.

Il est évident que si l'on est capable de procurer à ces personnes des espaces de liberté et d'expression, elles peuvent bien souvent être très positives dans l'entreprise. Il est regrettable que parfois l'amalgame se fasse entre cette catégorie de syndicalistes et les purs idéologues qui, sans jamais chercher à construire, n'ont soif que de contestations et de querelles. Il faut dire que quelquefois la frontière n'est pas très nette entre ces deux types de syndicalistes. Il n'est pas rare que certains passent d'un côté à l'autre, quasi spontanément, et qui plus est sans que cela soit prémédité, uniquement en fonction de l'écho qu'ils rencontrent dans l'entreprise.

Dans ce contexte, le rôle de la hiérarchie est primordial. Il est évident que le syndicaliste, ou l'élu du personnel, ne va pas manquer l'occasion d'attaquer la direction, et la hiérarchie, chaque fois que ceux-ci ne jouent pas pleinement leur rôle. Un dysfonctionnement, un problème non réglé, une injustice, et voici le délégué qui donne de la voix ! Mais, après tout, qui s'en étonnera ? N'est ce pas normal ? C'est bien cela le rôle du représentant du personnel ! Le chef qui veut éviter de voir le délégué du personnel s'agiter n'a qu'une chose à faire, régler les problèmes quand ils se présentent sans les laisser traîner :

- les problèmes matériels, tel que le trou dangereux non réparé dans le sol de l'atelier ou la vitre brisée ;
- les problèmes de communication, comme l'explication non fournie sur une modification du bulletin de paie ;
- les problèmes d'organisation : une nouvelle répartition des tâches qui n'a pas été expliquée et justifiée ;
- les problèmes de partage d'information : la réponse à une question importante qui ne vient pas ;
- les problèmes de production : une cadence accrue sans explications ni commentaires pour le personnel, etc.

Enfin, tout ce qui devait être fait ou expliqué et qui ne l'a pas été ! On peut comparer le délégué du personnel à la petite lumière rouge du tableau de bord de la voiture qui s'allume quand le moteur manque d'huile. Vociférer, tempêter, donner des coups de poing sur la loupiote pour qu'elle s'éteigne... ne sert strictement à rien ! Il suffit de mettre un peu d'huile, et la loupiote s'éteindra (2). Autrement dit, quand quelque chose ne va pas dans l'entreprise, s'en prendre au délégué qui s'agite est inutile. Il suffit de régler le problème... pour que le délégué se calme.

Comme chacun le sait, les représentants du personnel et les syndicats ont un rôle majeur dans la vie de nos entreprises et au niveau national. Il n'est donc pas inutile de les resituer.

Comment réagir face aux syndicats

Il y a aujourd'hui beaucoup de syndicats représentatifs en France. On en compte au moins cinq au niveau national, dont deux ont eu, dès leur origine, de fortes connotations politiques, la CGT et la CFDT. Une autre caractéristique très française, c'est qu'il y a en fait très peu de personnes syndiquées, en moyenne moins de 8% des salariés (surtout des fonctionnaires). On notera que cette syndicalisation atteint 80% en Suède et qu'elle est en moyenne de 30% pour l'Europe ! Selon un avis assez partagé, le faible pourcentage de personnes syndiquées en France s'explique essentiellement par la politisation des syndicats. Cela entrave l'émergence de syndicats forts, contrairement à certains de nos voisins européens où syndicalisme et politique ne sont pas nécessairement associés.

Rappelons par ailleurs que c'est à la fin de la guerre, en 1945, que les comités d'entreprise ont été créés par la loi en vu de « développer un meilleur esprit familial dans l'entreprise » (2). Après quoi, certains syndicats, dont la CGT, ont déclaré aussitôt que « le comité d'entreprise devait être le lieu privilégié de la lutte des classes. » (2) Ce qui n'est pas tout à fait la même chose qu'un esprit familial ! On ne s'étonnera pas de cette contradiction sur les objectifs. Il n'est pas surprenant, en conséquence, qu'il en reste encore aujourd'hui plus que des traces dans nos entreprises :

- en 1946 : c'est la création des délégués du personnel, lesquels doivent « ramener à la direction les réclamations qui n'auraient pas été traitées par la hiérarchie » ;
- en 1966, il est décidé de rajouter un délégué syndical au CE. Nommé par le syndicat, il n'a qu'une voix consultative ;
- en 1968, institution du délégué syndical, nommé par le syndicat, représentant celui-ci auprès de la direction ;
- puis est venue l'heure d'information syndicale.

Comprendre la radicalisation des syndicats

On constate que devant la « faiblesse » des syndicats en France, l'État et le législateur se sont laissés entraîner à une inflation de délégués, de représentants syndicaux, de représentants du personnel, d'institutions et de lois, au fil des différents soubresauts de la société française.

Ce n'est pas le fruit du hasard si l'histoire des corporations puis des syndicats a évolué sous la pression des événements politiques des années 1789, 1936, 1945 et 1968 ; dans le but de conférer aux syndicats un peu plus de force. Dès lors, l'interférence des syndicats et de la politique est apparue au grand jour. Ces concessions faites par les politiques aux syndicats n'ont en réalité rien fait d'autre que renforcer un peu plus la mainmise des politiques sur les syndicats.
Cette mainmise se traduit en réalité par un blocage, un immobilisme et une perte d'influence qui deviennent une vraie menace pour le pays et du même coup pour tous les salariés.
La conséquence de la désaffection du monde du travail pour les syndicats n'a pour corollaire qu'une crispation de plus en plus forte de la frange active. L'inévitable conséquence est une radicalisation des syndicats, devenus essentiellement contestataires et rarement de vrais partenaires désireux de négocier et de construire quelque chose.
Cette avalanche de concessions, de lois et de règlements n'a quant à elle rien résolu du tout. Elle n'a fait que complexifier à l'extrême le fonctionnement des entreprises françaises. Elles sont ainsi devenues très

difficiles à manœuvrer et ont bien peu de réactivité face à des contextes économiques mondiaux, souvent difficiles et impitoyables.
De toute évidence, il reste cependant nécessaire d'avoir des syndicats forts. Il faut de vrais interlocuteurs qui représentent effectivement le personnel pour discuter et négocier quand cela est nécessaire. On brouille les cartes dès que les syndicats se mettent à défendre telle ou telle idéologie politique dans laquelle, d'ailleurs, la plupart du personnel ne se reconnaît pas. Les syndicats ne pourront pas être forts, c'est-à-dire réellement représentatifs, tant qu'ils seront politisés, or la décrispation ne pourra venir que de la force. Nous sommes donc, pour l'instant, dans une impasse.

Il serait cependant inutile et contre-productif pour les chefs d'entreprises ou les dirigeants de se focaliser sur ces anomalies du système français. Il s'agit pour eux de s'attacher à la gestion de l'entreprise dont ils ont la charge dans le contexte qui est le leur. Les questions des lois et règlement relèvent d'une autre compétence qui est celle de l'État.

Le rôle de la hiérarchie face aux syndicats

Dans l'entreprise, les dirigeants et la hiérarchie doivent concentrer leurs efforts sur la stratégie et sur la résolution des problèmes techniques, commerciaux, financiers et, surtout, humains. En effet, il ne faut jamais perdre de vue que tous ces problèmes seront forcément résolus par des hommes. Si ces hommes ne sont pas à l'aise, s'ils sont sous pression, stressés, déconsidérés, ils n'auront ni l'envie ni les ressources morales et physiques pour apporter des réponses aux difficultés techniques, commerciales ou financières.
Le travail prioritaire d'un dirigeant ou d'un chef, quel qu'il soit, c'est d'abord de s'occuper de ses personnels et de faire en sorte de les aider à résoudre leurs propres problèmes, de les mettre à l'aise. Ils seront ainsi disponibles et volontaires pour participer à la résolution de ceux de l'entreprise.

R77 1°) En résumé, il faut qu'il soit clair que les tâches humaines doivent toujours être prioritaires.
R78 2°) Si les problèmes sont résolus, s'il y a des réponses aux questions posées, s'il n'y a pas de raison d'insatisfaction ou de frustrations, il n'y a pas matière pour les représentants du personnel ou les syndicats à créer de l'agitation !

Je peux reprendre ici une image donnée par le CPE (centre de perfectionnement des entreprises) : pour qu'il y ait un incendie, il faut qu'il y ait des braises et du vent. Les braises sont les problèmes non résolus et le vent peut être le vent syndical. Si les problèmes sont résolus, c'est-à-dire qu'il n'y a pas de braises, le vent syndical peut bien souffler, il ne déclenchera pas pour autant un incendie.

R79 L'agressivité des syndicats dans une entreprise est le plus souvent alimentée par la faiblesse et les manquements du management et de la hiérarchie.

Chapitre 13

S'ATTACHER À LA RÉSOLUTION DES PROBLÈMES

Les théoriciens savent donner des méthodes concrètes d'analyse et de résolution des problèmes qui ont réellement leur valeur. Je ne les remets pas en cause, bien au contraire, ce sont des outils fort utiles qu'il convient de maîtriser (arbre des causes ; diagramme d'Ishikawa ; analyse des méthodes de défaillance, de leurs effets et de leur criticité : AMDEC ; diagrammes de concentration de défauts et de corrélation, etc.). Toutefois aucune méthode n'a jamais permis de résoudre un problème, si certaines conditions ne sont pas préalablement remplies.

S'intéresser au problème

Il me semble que la plupart des entreprises actuelles possèdent les outils et la compétence interne pour analyser et résoudre les problèmes. Le cas échéant, il reste la possibilité de se faire aider par un consultant ou une équipe spécialisée extérieure.

De mon point de vue, les problèmes récurrents qui demeurent non résolus dans les entreprises ou dans les organisations relèvent essentiellement de deux catégories bien distinctes détaillées ci-après :

1) Le problème n'est pas identifié. Il existe, mais on n'a pas conscience qu'il s'agit d'un réel problème. En conséquence, on ne mesure pas son importance et les ravages qu'il cause dans l'entreprise. On vit avec, sans s'en rendre compte ;
2) Le problème est identifié. On sait qu'à tel endroit précisément cela ne va pas, mais on ne fait rien. Pourquoi ?
   - parce que seulement une ou quelques personnes le connaissent, mais elles se gardent bien de le mettre en évidence :
     - soit elles seraient elles-mêmes mises en cause ;

   - soit il leur appartiendrait de remettre les choses en ordre, ce qu'elles ne veulent pas.
- parce que, bien que tout le monde soit au courant, le laisser-aller est collectif, on s'est habitué à vivre avec. De plus, il y a des choses qui paraissent nettement plus urgentes à faire. Souvent, les conséquences pour l'entreprise et le coût du dysfonctionnement n'ont même pas été mesurés, tellement on pense que ce n'est pas grave.

Ce que l'on peut dire, d'ores et déjà, et ce dont il faut absolument être convaincu, c'est que :

R80 Le seul fait de s'intéresser à un problème a immédiatement des répercussions sur le résultat et les choses s'améliorent.

La clé de voûte de la démarche de résolution des problèmes, c'est la volonté. Volonté de prendre les choses à bras-le-corps, d'être méthodique et de ne rien négliger. On rencontre bien trop souvent dans nos entreprises, et nos administrations, des personnes qui semblent n'être là que pour brasser du vent. Ainsi, entre ceux qui ne sont responsables de rien et qui pourtant se mêlent de tout, et ceux qui sont responsables de tout et cependant ne s'occupent de rien, il y a sans doute la bonne solution qui consiste à s'occuper des choses dont on est responsable.

C'est dans ce contexte de responsabilité que tout naturellement la gestion et **les tableaux de bord** trouvent leur place et leur importance.

R81 Les tableaux de bord sont des indicateurs qui doivent couvrir tous les secteurs de l'entreprise de façon à ce qu'il y ait un vrai maillage. Ils doivent permettre d'analyser ce qui se passe en temps réel. De la pertinence des tableaux de bord et des indicateurs dépendra la qualité des réactions et des plans d'action.

J'ai déjà rencontré certains cadres ou chefs de service un peu vexés lorsqu'on leur demandait de mettre en place tel ou tel tableau de bord afin de mieux suivre leur activité. Les remarques sont à peu près toujours les mêmes, « N'ayez pas peur, cela ne me semble pas néces-

saire, je suis les choses de près » ou bien, « Vous pouvez me faire confiance, j'ai l'habitude… »
La confiance, bien sûr ! Mais on peut dire d'expérience que cela n'est pas suffisant. Même avec la meilleure volonté et le plus grand sérieux du monde, le temps fait toujours son œuvre. On s'habitue, on est moins vigilant, on a d'autres choses à faire et… on ne se rend plus compte de la situation.
Or, dans l'entreprise tout le monde doit rendre des comptes, et ceci quel que soit le niveau hiérarchique. Il y a toujours au-dessus de nous un autre chef, un actionnaire, un banquier, la collectivité… Il faut une bonne fois pour toutes se graver cette phrase dans la tête : « Qui ne rend pas compte ne se rend pas compte ! » (6)

R82 Même le meilleur des meilleurs, qu'il soit président, directeur, cadre ou employé doit rendre des comptes. Il doit avoir des objectifs et des indicateurs de suivi, faute de quoi, il va finir par ne plus réaliser vraiment ce qui se passe et par « déraper ».

Les tableaux de bord et indicateurs prennent le plus souvent la forme de tableaux qui comparent la grandeur que l'on veut suivre aux valeurs historiques obtenues pour les périodes antérieures. Ils constatent aussi l'écart par rapport à la valeur objectif (le plus souvent celle du budget). Les dérives constatées doivent donner lieu à des actions correctives immédiates ou à un plan d'action qui devra être suivi jusqu'à son terme.

Revenons-en à cette question de volonté et de méthode. Il faut d'abord savoir ce que l'on veut et ensuite le mettre en œuvre avec détermination. Ainsi peut-on rappeler cette formule connue qui évoque la question centrale de l'objectif : « Il n'y a pas de vent favorable pour qui n'a pas choisi sa destination. » (6)

R83 La première des choses à faire, c'est d'abord de fixer le cap afin d'aller dans la bonne direction. Les choses deviennent alors beaucoup plus simples ; on trouvera ensuite les moyens d'action appropriés.

Dans la résolution des problèmes, le facteur humain joue toujours un rôle déterminant, cependant l'entreprise n'est pas un ring de boxe !

On ne résout jamais les problèmes en s'attaquant aux personnes. Il ne faut surtout pas mélanger les genres, mais garder à l'esprit cette maxime : « L'ennemi, c'est le problème, pas le collaborateur ! » (6)

Il suffit quelquefois de le rappeler avec un sourire pour ramener les protagonistes vers les vrais objectifs, et ceci de façon claire. Le recadrage peut ainsi avoir lieu rapidement, sans fâcher personne et avec un maximum d'efficacité. Ce que l'on veut, en effet, c'est une solution, non des discussions inutiles.

On règle le problème, pas ses comptes !

Attention toutefois, la résolution d'un problème passe forcément par des hommes qui vont devoir changer de méthode, modifier une façon de faire, reconnaître une erreur, inventer autre chose, modifier leur comportement ou leur vision des choses... Les hommes, toujours les hommes ! Car bien entendu, c'est avec eux et par eux que les problèmes seront résolus. Cela sous-entend qu'ils aient effectivement envie de résoudre le problème en question. Il faut en effet prendre garde à la façon de se comporter de ceux qui, se trouvant en difficulté, vont tenter par tous les moyens de se justifier sans vraiment chercher à se remettre en cause sur le fond. On peut alors aisément leur rappeler cette formule de façon à les faire réfléchir : « Celui qui veut échouer cherche des excuses, celui qui veut réussir trouve des solutions. » (6)

Alors, dans quelle catégorie avez-vous envie que l'on vous place ? C'est bien entendu une question qu'il ne faut pas avoir peur de poser, de façon préventive, lors de réunions de sensibilisation. Elle est de nature à induire, par avance, un « réflex » et un changement de comportement chez ceux qui ont un peu trop tendance à avoir toujours raison.

Une dernière remarque sur la résolution des problèmes. Outre la distinction précédente sur les problèmes identifiés et ceux qui ne le sont pas, on peut aussi les séparer en deux classes différentes :

1) ceux qui rentrent dans le fonctionnement normal de l'entreprise et qui demandent des solutions dites « classiques » ;
2) ceux de plus grande envergure pour lesquels il faudra des solutions exceptionnelles.

Par exemple, on peut vouloir, sur un produit donné, accroître les ventes de 15 % ou au contraire multiplier par 10 le chiffre d'affaires. Mais il est alors évident que ce n'est pas en faisant, simplement un peu plus de publicité, et en poussant les vendeurs qu'on va y arriver dans le deuxième cas, alors que c'est envisageable dans le premier. Il faut à ce moment-là imaginer des solutions complètement différentes et changer de logique en créant une véritable rupture sur l'approche commerciale et peut-être bien technique ou conceptuelle du produit.

On n'avance vraiment que par ruptures !

Ruptures du mode de penser tout autant que des solutions à mettre en œuvre : qu'il s'agisse de technique, de finances, d'organisation, de commercial, de marketing, ces ruptures supposent un important travail d'étude et de préparation. Il faut de la matière grise, de vraies remises en question et des idées neuves pour ne pas se contenter de simples replâtrages.

Pour terminer, je ne peux résister à l'envie de vous donner cette formule humoristique de Francis Blanche. Elle est un clin d'œil qui s'applique parfaitement à notre sujet : « Il vaut mieux penser le changement que changer le pansement. » (4)

A présent, voici une remarque tout à fait basique sur la résolution des problèmes. La meilleure façon de résoudre les problèmes, c'est d'éviter qu'il y en ait ! On ne peut dire mieux. J'ai tenté de montrer dans les chapitres précédents combien l'attitude du chef – et sa façon de répondre aux questions et de régler les problèmes sans les laisser « enfler » – est sans doute la meilleure solution. Il faut toutefois s'assurer que les solutions apportées sont de vraies solutions et qu'elles sont de qualité.

J'ai vu, par exemple, résoudre des problèmes en octroyant des primes de façon tout à fait surréaliste. Le terme de « prime » devrait toujours, me semble-t-il, être suivi du terme « exceptionnelle », ce devrait être obligatoire. En effet, tout ce qui concerne le travail habituel du salarié doit nécessairement être compris dans son salaire. Un salaire auquel on rajoute une douzaine de primes, comme j'ai malheureusement eu l'occasion de le voir top souvent, n'a strictement aucun sens.
Alors que je n'étais que chef de département, j'ai dû ferrailler ferme avec la direction de la société qui m'employait pour leur expliquer qu'attribuer une prime de « bonne livraison » aux chauffeurs livreurs était une totale aberration. Pour le moins, le livreur qui ne livre pas correctement doit être sanctionné et non l'inverse. C'est ainsi que, par manque de courage et de clarté, l'on cède à la démagogie et l'on perd ses repères. Au final, on arrive aux aberrations du type de celle de notre chère SNCF où les chauffeurs de machines percevraient encore une « prime de charbon » alors qu'ils n'en utilisent plus depuis bientôt trente ans, ou une « prime de travail », comme si travailler n'était pas normal !
Ainsi il faut toujours s'efforcer de revenir aux fondamentaux et refuser les solutions partielles ou démagogiques. Si un salaire doit être augmenté, il faut le faire ou, à l'inverse, expliquer pourquoi ce n'est pas possible. En aucun cas il ne faut se perdre dans des considérations alambiquées ou des primes récurrentes qui nous éloignent de la résolution du vrai problème. Il s'agit bien entendu de faire preuve de la même rigueur pour des questions techniques, commerciales ou d'organisation.

Chapitre 14

AUTRE CULTURE, AUTRE MANAGEMENT ?

Au-delà du cas de la France, il y a d'autres cultures d'entreprises assez typiques qui résultent d'un contexte national particulier. Je parlerai plus spécifiquement des cas de l'Allemagne et du Japon qu'il m'a été donné de connaître et qui illustrent bien cette question.
Ces pays ont en commun d'avoir été tous deux vaincus lors de la dernière guerre mondiale, et d'avoir dû se reconstruire ensuite. La comparaison s'arrête là. Ils ont en effet suivi des chemins assez différents.

Le cas de l'Allemagne

L'histoire franco-allemande demanderait bien des développements, mais c'est un autre sujet. Après la guerre, l'Allemagne a construit sa réputation sur la grande qualité de ses produits, sa fiabilité et son sérieux. Cela fut pendant de très nombreuses années un atout économique considérable qui a permis à ce pays de faire payer fort cher ses produits et son image de marque. Tout le monde l'a accepté parce que « la qualité allemande », cela se paye nécessairement.
Pendant cette période, les Allemands ont bénéficié d'un accroissement substantiel de leur niveau de vie. Des produits chers ont permis des salaires élevés et des avantages sociaux non négligeables. Et ceci même si la productivité n'était pas toujours excellente.

En 1990, alors que je dirigeais la société Thécla, j'ai eu l'occasion de visiter les fonderies et les usines de plusieurs de nos confrères en Allemagne. J'ai été frappé par la faible performance de certaines de leurs installations. Toutefois, la qualité se payant, nos amis allemands y trouvaient leur compte, mais un certain retard de modernisation et de productivité était flagrant.

Au-delà des coûts d'intégration des landers de l'est, la crise que connaît l'Allemagne depuis maintenant quelques années est directement liée au fait que les autres pays, notamment européens, ont fait des progrès qualitatifs considérables. En conséquence aujourd'hui, le surcoût de la qualité, dite « allemande », est de moins en moins justifié. Il n'y a donc plus ou très peu d'avantages sur les prix de vente, mais les salaires restent élevés et la productivité n'est pas toujours là.
D'où le déchirement actuel outre-Rhin que cela provoque, et la remise en cause pragmatique qui est en train de s'opérer sur les salaires et les horaires de travail. Contrairement à la France, avec ses « chères 35 heures », ils sont en train de revoir à la hausse le nombre d'heures travaillées. Des discussions se sont également ouvertes pour envisager de porter l'âge de la retraite non pas à soixante-cinq ans, mais à soixante-sept ans ! Dures perspectives !
Il faut noter que l'Allemagne possède des syndicats beaucoup plus puissants et représentatifs qu'en France. Ils sont nettement moins politisés et, du même coup, sont des interlocuteurs de poids dans la mutation actuelle.

Puisse la France avoir le courage du pragmatisme et du réalisme de nos amis allemands, ou même anglais, sans en reprendre les travers ! Il faut en effet briser les chaînes dogmatiques, sociologiques, idéologiques et législatives. Elles handicapent les entreprises et brident ou découragent le dynamisme et la volonté d'entreprendre. Forcément il en découle une incidence très négative sur l'emploi qui n'a plus la fluidité et la souplesse nécessaire pour s'adapter aux conditions économiques. Au final, que nous le voulions ou non, ce sont bien les salariés qui en souffrent et les emplois qui disparaissent !
Au-delà de la rigidité du Code du travail, il nous faut aussi comprendre que l'on ne règlera pas le problème de l'emploi par la loi, ou en ne faisant que du traitement social du chômage. C'est bien à l'aspect économique qu'il convient de s'intéresser et notamment aux aberrations d'un certain mode de libéralisation sauvage du commerce mondial dont s'occupe L'OMC, mais c'est un autre sujet.

Ceci dit, nous sommes tout de même forcés de reconnaître qu'en France, l'entrepreneur n'est pas très bien considéré. Je taquine quel-

quefois certains de mes jeunes collègues, chefs d'entreprise, en leur disant ceci : « Il faut que vous vous fassiez une raison, nous sommes en France : si vous réussissez avec votre entreprise, vous serez des salauds de capitalistes qui exploitent les masses laborieuses ! Si vous échouez, vous serez de pauvres types incapables et des incompétents. Alors, choisissez votre camp ! »
Plus sérieusement, pour entreprendre en France, il faut tout de même une dose de courage qui doit être un peu plus supérieure ici qu'ailleurs. La France n'aime pas ceux qui sortent du rang. Ils sont jalousés au lieu d'être appréciés, sauf s'il s'agit d'artistes ou de joueurs de football ! La lutte des classes est toujours présente, on n'aime pas le capitaliste et pourtant, c'est Mirabeau, le révolutionnaire, qui disait : « Réprouver le capitalisme comme inutile à la société, c'est s'emporter follement contre les instruments même du travail. » (3)

Encore qu'il faille, ici, être plus précis. En effet, nous confondons trop souvent le capitaliste, qui est celui qui possède le capital (l'actionnaire), avec le dirigeant. Aujourd'hui, de plus en plus, le dirigeant n'est pas le capitaliste, il n'est pas le patron au sens habituel du terme, il ne possède pas l'entreprise. Dans cet ouvrage, c'est bien du dirigeant ou du chef dont je parle, qu'il ait ou n'ait pas de liaison avec le capital.

Comprendre le management japonais

Le cas du Japon est assez différent, même très différent. Autant on peut dire que les Allemands ont à peu près assimilé la défaite de la dernière guerre, autant ce n'est pas du tout le cas pour nos amis japonais.
Il y a quatre ans, je me trouvais au Japon. J'ai été royalement reçu par le président d'un grand groupe papetier japonais que j'avais d'ailleurs accueilli auparavant dans nos usines en France. Nos productions n'étant pas concurrentes, nous avions installé des échanges techniques entre nos deux sociétés et nous recevions réciproquement certains de nos ingénieurs en toute confiance.
Au contact du président et des principaux dirigeants de cette société japonaise, même si nous échangions en anglais, j'ai constaté qu'une

formule de langage revenait très fréquemment : « Nous avons perdu la guerre mais… » Il fallait à tout prix qu'ils nous prouvent et nous démontrent leurs qualités et leur réussite… malgré la défaite !
Le président et tout son staff m'a donc reçu avec le proche collaborateur qui m'accompagnait. J'ai dû, ce soir-là, écouter poliment pendant plus d'une demi-heure le président me présenter tous les journaux et magazines qui avaient publiés des articles le concernant, avec quelquefois sa photo. Il les avait fait porter spécialement au restaurant dans une valise pour me les montrer et prouver, qu'il était quelqu'un d'important … et son groupe aussi, bien sûr !
En France ou dans d'autres pays d'Europe, nous aurions jugé cela indécent et prétentieux, mais chez eux, la nécessité de montrer la réussite, et la fierté qui en découle, sont naturelles.
Quelques jours plus tard, au cours d'une soirée avec son épouse et ses enfants, il a jugé utile d'appeler au téléphone, en ma présence, un ministre en exercice avec lequel il était ami pour l'inviter à déjeuner. Toujours et encore cette nécessité de prouver son importance et sa réussite ! Cela mis à part, ce sont des gens tout à fait délicieux, très affables, professionnels et prévenants qui me fascinent et pour qui j'éprouve beaucoup de respect.

Il ne faut cependant jamais perdre de vue que les Japonais sont encore en guerre contre l'Occident. Ils ont une revanche à prendre qui leur demandera encore beaucoup de temps, du moins dans leur tête. Il s'agit d'une guerre qui est d'abord économique, bien sûr, mais qui est également psychologique.
Voici une déclaration du président Matsushita Konosuké qui présidait un grand groupe japonais. Bien qu'elle date de quelques années, c'est une belle illustration de cette guerre inachevée. Le président s'exprimait au cours d'une réunion, face à des participants et des journalistes occidentaux et il déclarait : (7)

> *« Nous allons gagner et l'Occident industriel va perdre : vous n'y pouvez plus grand-chose, parce que c'est en vous-mêmes que vous portez votre défaite.*
> *Vos organisations sont tayloriennes ; mais le pire c'est que vos têtes le sont aussi. Vous êtes totalement persuadés de faire bien fonctionner*

> *vos entreprises en distinguant d'un côté les chefs, de l'autre les exécutants ; d'un côté ceux qui pensent, de l'autre ceux qui vissent.*
> *Pour vous le management, c'est l'art de faire passer convenablement les idées des patrons dans les mains des manœuvres.*
> *Nous, nous sommes post-tayloriens : nous savons que le business est devenu si compliqué, si difficile et la survie d'une firme si problématique, dans un environnement de plus en plus dangereux, inattendu et compétitif, qu'une entreprise doit chaque jour mobiliser toute l'intelligence de tous pour avoir une chance de s'en tirer.*
> *Pour nous, le management, c'est précisément l'art de mobiliser et d'engerber toute cette intelligence de tous, au service du projet de l'entreprise.*
> *Parce que nous avons pris, mieux que vous, la mesure de ces nouveaux défis technologiques et économiques, nous savons que l'intelligence de quelques technocrates, aussi brillants soient-ils, est dorénavant totalement insuffisante pour les relever.*
> *Seule l'intelligence de tous ses membres peut permettre à une entreprise d'affronter les turbulences et les exigences de son nouvel environnement.*
> *C'est pour cela que nos grandes sociétés donnent trois ou quatre fois plus de formation à tout leur personnel que ne le font les vôtres ; c'est pour cela qu'elles entretiennent en leur sein un dialogue et une communication si denses, qu'elles sollicitent sans cesse les suggestions de tous et surtout qu'elles demandent, en amont, au système éducatif national de leur préparer toujours plus de bacheliers, de généralistes éclairés et cultivés, terreau indispensable à une industrie qui doit se nourrir d'intelligence permanente.*
> *Vos " patrons sociaux ", souvent gens de bonne volonté, croient qu'il faut " défendre l'homme dans l'entreprise ". Réalistes, nous pensons à l'inverse qu'il faut " faire défendre l'entreprise par les hommes " et que celle-ci leur rendra au centuple ce qu'ils lui auront donné.*
> *Ce faisant, nous finissons par être plus sociaux que vous. »*

C'est bien de guerre dont il s'agit ! Même le vocabulaire ne laisse pas place au doute : « Nous allons gagner », « Vous allez perdre », « votre défaite »... L'objectif est de nous convaincre que nous sommes incapables de remédier à nos propres défauts, que nous sommes intrinsèquement déficients : « C'est en vous-même que vous portez votre défaite ! » C'est une façon de chercher à nous démoraliser et à nous anéantir.
Certes, personne ne peut contester la superbe réussite économique japonaise, mais les choses se sont nettement rééquilibrées ces dernières

années. Pour exemple, il y a quinze ans, je travaillais alors dans la soustraitance automobile et personne n'aurait osé imaginer que Renault prendrait le contrôle de Nissan. C'était inconcevable, et c'est pourtant ce qui s'est passé alors qu'on pensait à l'inverse que les Japonais allaient avaler l'industrie automobile européenne.

Comment en est-on arrivé là ? Au-delà des problèmes conjoncturels et de structure, il me semble que l'explication tient dans un simple constat : les progrès et les accroissements de productivités, qui furent pendant quatre décennies ni plus ni moins que spectaculaires au Japon, ont fini par devenir plus conformes à ce qui se passe dans les autres pays. L'avantage concurrentiel du Japon, s'il est resté très net sur les produits à base d'électronique, est devenu beaucoup plus faible sur les industries dites « traditionnelles ». L'industrie automobile en est un bel exemple. La crise financière japonaise a bien sûr accentué le phénomène.
Cette non-persistance de la performance correspond à un certain essoufflement, lié au fait que nos amis japonais ont voulu ignorer une chose dont nous avons déjà parlé : les gens font leur travail d'abord par intérêt et pas uniquement par vertu. Or, le système japonais a longtemps été basé uniquement sur la vertu. C'est logique, puisque les Japonais sont toujours en guerre, et quand on fait la guerre, on exige de la vertu, on veut des héros. Les gens doivent se dévouer à 100 % pour une seule cause : gagner la guerre. L'intérêt personnel passe alors au second plan. Mais ce mode de fonctionnement finit forcément par atteindre ses limites. Les Japonais se sont rendu compte que si l'on veut réellement des personnalités, des caractères, des hommes forts, il faut considérer chacun comme un individu unique, qui n'a pas forcément les mêmes facteurs de motivation que son voisin. En un mot, la vertu seule n'est plus suffisante.

Ce petit panorama nous montre que les méthodes de management peuvent être différentes entre l'Occident et l'Orient, et elles le sont. Cependant les problématiques de management et de comportement humain restent les mêmes, intrinsèquement les mêmes. Les cultures sont différentes, mais la nature humaine reste basiquement la même.

R84 **1°) Vous n'obtiendrez rien d'un homme peu considéré, fatigué, sous pression, à qui l'on demande toujours plus de vertu !**
R85 **2°) Vous obtiendrez tout d'un homme reconnu, valorisé, considéré, satisfait de son environnement professionnel.**

Tout l'art du management est là, mais ne nous y trompons pas, il s'agit toujours d'un exercice difficile et délicat. La partie n'est jamais définitivement gagnée et la remise en cause est forcément permanente.

Nous avons examiné deux exemples de cultures différentes, mais il faudrait aussi examiner les différences qu'il peut y avoir entre l'Est et l'Ouest. Je sais bien, les pays de l'Est n'existent plus tels que nous l'entendions au temps de l'URSS et du bloc communiste. Personne ne s'en plaindra, mis à part peut-être quelques nostalgiques du communisme qui, s'ils ont souffert du régime et admettent ses travers et ses limites, regrettent aussi certaines de ses vertus.
Avons-nous la mobilité intellectuelle suffisante, nous Occidentaux, pour imaginer que nous pourrions ne pas avoir raison sur certains sujets ? C'est une réflexion qui nous éloigne un peu du management, semble-t-il, mais j'y reviendrai dans le prochain chapitre. Je crois, en effet, que la mobilité intellectuelle dont il s'agit et la capacité de se remettre en cause revêt une importance majeure dans tout ce qui touche au management.

Chapitre 15

QUELLES SONT LES LIMITES À L'IMAGINATION ET AU CHANGEMENT ?

Ces limites et difficultés, très humaines finalement, sont une dure réalité qui doit nous inviter à la plus grande modestie. Nous sommes victimes de nos habitudes et de notre façon d'être, comme programmés pour réagir selon des schémas standard qui semblent ignorer l'immense diversité du possible.

Un exercice simple peut très bien illustrer cette difficulté. Demandez à quelques personnes réunies autour de vous de se tenir debout. Puis demandez-leur si elles sont suffisamment souples pour arriver à toucher le bout de leurs chaussures avec les mains. Certaines vont y arriver aisément, d'autres difficilement et pour d'autres encore, la majorité sans doute, ce sera impossible. Vous constaterez très vraisemblablement qu'aucune d'entre elles n'aura envisagé de plier les genoux pour toucher ses pieds ! Victimes d'une certaine façon de faire, alors même que rien n'avait été dit, ni aucune restriction mise sur la façon de parvenir au résultat. Cet exemple est amusant, mais il est aussi significatif de notre conditionnement et de nos limites.

Si demain ne ressemble pas à hier, on se trompe

Nous avons de grandes difficultés et d'énormes lacunes quand il s'agit d'imaginer, de concevoir, que ce soit au quotidien ou pour imaginer de nouvelles solutions. À plus forte raison, nous sommes dans l'embarras quand il faut envisager ce que sera demain, quand il faut prévoir.

Au cours d'une récente émission télévisée, un homme politique important disait en substance : « J'ai toujours été surpris et frappé par notre difficulté, nous humains, à nous projeter dans l'avenir même proche, d'imaginer. Nous pensons au jour le jour et sommes incapables d'y voir plus loin. »

Notre capacité d'anticipation est quasiment nulle, nous sommes très limités. Même si nous faisons des prévisions, l'expérience montre que nous n'arrivons pas à imaginer l'avenir. Tout au plus sommes-nous capables de tracer des courbes de tendance qui extrapolent le présent et qui se trompent chaque fois que demain ne ressemble pas à hier.

D'une autre façon, Antoine de Saint-Exupéry avait fait le même constat quand il écrivait : « L'avenir [...] n'est jamais que du présent à mettre en ordre [...] tu n'as pas à le prévoir, mais à le permettre. » (3)

Ces constatations m'amènent à vous parler de quelques réflexions que j'ai eu le privilège de recueillir directement de M. Mikhaïl Gorbatchev. En effet, en 2001, l'entreprise que je dirigeais s'est vue attribuer le Trophée international de l'industrie, notamment pour son implication dans le domaine environnemental et ses réalisations en la matière. Ce prix nous fut remis par Mikhaïl Gorbatchev en personne, alors président de Green Cross International. La cérémonie s'est déroulée à Paris, dans le cadre de l'Unesco, en présence de plus de deux cents personnalités ainsi que de nombreux journalistes. C'est à cette occasion que j'ai eu l'opportunité d'avoir deux entretiens privés avec Mikhaïl Gorbatchev.
Lors du discours que j'ai prononcé ce jour-là, j'ai mis en évidence son immense mérite et son courage physique et intellectuel d'avoir remis en cause le système soviétique qui l'avait porté à sa tête, parce qu'il en avait compris les travers et les limites. Tout cela dans une démarche éthique et intellectuelle d'une grande honnêteté, sans se soucier de son sort personnel. Visiblement il en a été touché ! Une fois la cérémonie terminée, je l'ai raccompagné au rez-de-chaussée du bâtiment de l'Unesco, escorté de ses trois gardes du corps et de l'interprète. Il aurait pu me quitter sans autres commentaires, mais il m'a chaleureusement remercié pour mes paroles à son sujet et nous avons échangé pendant plus de vingt minutes.

Il m'a précisé que de son côté il était très meurtri et marqué, par le comportement des Occidentaux au moment de la chute du régime soviétique et après celle-ci. Il considérait en effet qu'il lui avait fallu accomplir un effort énorme de réflexion, d'abstraction, de renoncement, pour imaginer les bouleversements du régime qu'il était censé défendre, et dont il avait compris et mesuré les graves défauts et les dangers. Face à cela, il n'y a eu aucune remise en question des Occidentaux et cela l'a fortement marqué. Ce qu'il n'a pas accepté en fait, c'est que les Occidentaux, tout-puissants, ont refusé ou n'ont même pas imaginé la remise en cause qu'ils auraient pu faire, compte tenu de cette opportunité historique. En effet, les Occidentaux ont pensé, nous avons pensé, que cela nous donnait raison.

Puisqu'ils ont perdu, nous avons gagné !

Cela confirmait superbement la toute-puissance et le bien-fondé de l'idéologie capitaliste libérale... Tout redevenait simple, beaucoup trop simple ! M. Gorbatchev, me semble-t-il, ne pardonne pas aux dirigeants occidentaux leur manque de réalisme, de volonté et de mobilité intellectuelle. Certes, il avait engagé la réorientation du régime soviétique (*glasnost*, *perestroïka*, ...), mais les choses lui ont filé entre les mains plus vite que prévu. En effet, une fois que la volonté de transformation profonde s'est mise en route, elle s'est emballée jusqu'à l'effondrement complet du système.

Mais tout n'était pas mauvais dans le système soviétique, de même que tout n'est pas bon dans le système capitaliste libéral et l'économie de marché. Nos organisations, nos sociétés, nos hommes politiques, nous-mêmes, avons la certitude d'être sur la bonne voie. Cette autosatisfaction, cette suffisance sont telles que c'est insupportable pour un regard extérieur. Cela révèle en fait notre médiocrité qui est la difficulté de penser, ou d'envisager seulement de penser autrement.

Cette indigence de notre capacité de réflexion ne concerne pas seulement le monde politique. Elle est aussi malheureusement bien présente dans l'entreprise, et de façon permanente. Alors, comment faire pour améliorer les choses ?

Favoriser l'imagination et l'initiative

M. Bonijol, l'un de mes professeurs de dessin industriel alors que j'étais étudiant, nous disait : « Il n'y a jamais une seule solution, il y en a toujours plusieurs ! Si ça marche en poussant, comment faire pour que ça marche aussi en tirant, en soulevant, en abaissant, en tournant ? »

La démarche d'innovation, de changement, est toujours très laborieuse. D'abord parce que d'instinct, les gens aiment la sécurité, ce dont ils ont l'habitude, et répugnent au changement. Ensuite, comme nous l'avons dit, en raison de notre difficulté à imaginer autre chose.

Il faut savoir dans une entreprise détecter les quelques personnes qui sont un peu visionnaires, curieuses d'esprit, attentives à l'innovation et aux changements. Ce sont des personnes le plus souvent enthousiastes et passionnées, toujours prêtes à creuser de nouvelles idées. Elles sont précieuses, mais ne se révèlent pas toujours spontanément, il faut savoir les découvrir puis les cultiver.

J'ai précisément connu une personne, dans un groupe que je dirigeais et qui comportait près de deux milles personnes, que j'appelais « l'électron libre ». Il était un peu farfelu quelquefois, mais sortait toujours une nouvelle idée de son chapeau. Certes, il fallait faire le tri, mais surtout ne pas tarir la source. Grâce à ce statut d'« électron libre » et qui amusait beaucoup de personnes, dont lui-même, il pouvait faire ce qu'il voulait ou presque : aller voir les évolutions techniques dans n'importe quel pays du monde, se documenter, rencontrer clients et concurrents. Nous l'avions extrait de toute responsabilité opérationnelle et il n'avait que cela à faire : voir, chercher, s'informer, présenter des projets et des idées. Il nous a effectivement apporté de très bonnes idées dont certaines ont donné lieu à des brevets et à des réalisations d'avant-garde. C'était sans doute l'un des éléments les plus précieux de l'entreprise.

Attention toutefois, il ne s'agit ici que d'un cas d'espèce. Il est évident que pour détecter les talents et surtout pour les voir s'épanouir, l'entreprise doit développer une politique structurée d'innovation et de relations et en faire un des points majeurs de sa culture qui concerne tous les domaines de l'entreprise. En effet, des études récentes ont montré qu'un génie innovant débauché par un concurrent pouvait voir son efficacité considérablement diminuer ou s'éteindre tout simplement parce que les conditions et l'environnement de travail dans la nouvelle structure n'étaient pas favorables à l'expression de ses qualités. Je peux d'ailleurs donner d'expérience quelques règles qui permettent aux talents inventifs et innovants de donner leur pleine mesure.

R86 1°) **La première source de l'innovation vient des clients, il s'agit de savoir comprendre l'évolution de leurs besoins et de les anticiper ou de les extrapoler avant même qu'ils ne formalisent eux-mêmes cette évolution.**

R87 2°) **La deuxième source de l'innovation, c'est être capable de s'intéresser à tout, c'est-à-dire aussi à des choses qui n'ont à priori aucun lien avec le sujet ... et de savoir créer ou trouver des liens entre des choses qui semblent ne pas en avoir. L'esprit innovant doit être forcément curieux de tout, c'est ici une évidence. Le spécialiste qui ne s'intéresse qu'à son sujet n'est qu'un spécialiste, ce ne sera pas un innovateur.**

R88 3°) **Une structure trop rigide et des procédures lourdes et complexes découragent l'innovation. Il faut préférer les structures légères et une réactivité décisionnelle d'une grande rapidité.**

R89 4°) **Les personnalités capables d'innovation ne sont que rarement capables de travailler facilement en équipe, ce sont souvent des individualités qu'il faut savoir gérer séparément tout en faisant la synthèse. Les qualités de coordination et d'animation du responsable de l'équipe sont donc primordiales.**

R90 5°) **Le manager de l'équipe d'innovation doit être un facilitateur, qui doit savoir lever les obstacles, féliciter, encourager, préparer le terrain. Il doit faire preuve d'une grande tolérance tout en veillant au respect d'un minimum de règles et ce n'est pas le plus facile.**

Cultiver les plantes rares

Mais il faut être réaliste et nous savons bien que rien n'arrive sans efforts, le génie spontané n'existe pas. Cela est d'ailleurs très bien illustré par le philosophe G. Bachelard qui écrivait : « Celui qui trouve sans chercher est celui qui a longtemps cherché sans trouver. » (4)

Encore faut-il avoir envie de chercher et de trouver ! Cette volonté existe, sans aucun doute, dans les domaines techniques et scientifiques notamment, où les choses vont de l'avant depuis déjà bien longtemps. La volonté et la motivation existent parce que le chercheur, le scientifique, l'ingénieur y trouvent leur compte, leur intérêt. Tout comme le reste de la population du reste : il y a une récompense au bout.

Notre pauvreté intellectuelle est bien plus évidente pour les phénomènes sociétaux et d'organisation car les hommes sont directement mis en cause et chacun s'accroche égoïstement à la sécurité et au confort du moment, aussi précaires soient-ils, en ignorant le reste et les autres. C'est notamment ce que voulait me dire Mikhaïl Gorbatchev. Cette peur du changement et de l'inconnu nous invite à l'immobilisme et à l'inaction. On parle des mutations, des changements, pour se donner bonne conscience, mais au fond on répugne à envisager, ne serait-ce qu'une évolution, si on pense qu'elle pourrait être de nature à nous perturber. Les questions d'environnement, des énergies fossiles et de l'effet de serre en sont un bel exemple.

Il nous faut toutefois constater que cette frilosité devant le changement et l'incertitude se trouve heureusement compensée par l'ambition et le volontarisme, pour trouver au final un certain équilibre dès que nous sommes persuadés qu'une évolution peut finalement nous être favorable... à court terme. C'est dans ce cadre que nous allons essayer de comprendre ce que peuvent être les ingrédients de la réussite.

Chapitre 16

TROUVER LES INGRÉDIENTS DE LA RÉUSSITE

Comment faire pour réussir ?

La notion de réussite relève d'une appréciation ou d'un sentiment qui est forcément complexe. Selon la personne à laquelle on s'adresse et le contexte du moment, la compréhension du terme « réussite » et son sens peuvent être très différents. S'agit-il de réussite personnelle, collective, professionnelle économique, financière affective, familiale ?
C'est une question qui m'a été clairement posée en 2001. J'avais alors été sollicité pour être le parrain de la nouvelle promotion d'élèves ingénieurs de l'École nationale supérieure des arts et industries de Strasbourg (ENSAIS), dont je suis moi-même issu. La question qui m'était posée, relative à la réussite, était celle-ci : « Qu'est-ce que la réussite, comment faire pour réussir ? »

Cela montre clairement, si besoin était, que cette question de la réussite semble garder une part de mystère, comme s'il y avait des règles et moyens que connaîtraient ceux qui réussissent et qu'ils garderaient jalousement, entre initiés !
Il s'agit d'abord de bien comprendre ce qu'est la réussite, comment peut-elle s'apprécier ? Je dirais simplement que la réussite peut se mesurer d'une seule façon, et *a posteriori* bien sûr, par le degré de satisfaction que l'on peut éprouver à propos de ce qui a été accompli.
Je ne me satisfais pas d'affirmations selon lesquelles la réussite ou l'échec seraient tout à fait aléatoires. En effet selon cette théorie, pour réussir, il suffirait de se trouver au bon endroit au bon moment. De la même manière, mais à l'inverse, échouer serait être au mauvais endroit au mauvais moment. Je ne peux absolument pas approuver cette théorie qui est l'apanage du hasard ou de l'opportunisme.

Toutefois, il apparaît clairement que les mêmes faits pourront être appréciés et qualifiés différemment, selon la perception de la personne qui émet un jugement. **Le terme de réussite est donc totalement subjectif et personnel.**

Il ne fait pas de doute, cependant, que dans l'entreprise d'aujourd'hui ce sont les connaissances techniques, scientifiques et professionnelles, mais aussi linguistiques, qui constituent la base indispensable de l'évolution. Néanmoins, ce qui fera ensuite la différence entre les personnes, ce seront les qualités de comportement et les qualités humaines et morales des individus. L'estime et la considération se bâtissent sur des valeurs fortes de courage, de confiance, de loyauté, de sincérité, d'honnêteté, de parler vrai, d'engagement, de persévérance... qu'il faut savoir marier avec une bonne dose de lucidité en toutes circonstances.

Cette remarque étant faite, on peut considérer que pour une personne donnée, la réussite peut revêtir plusieurs formes selon qu'il s'agit de :

- vie professionnelle ;
- vie affective ;
- vie artistique ;
- vie sportive ;
- vie familiale ;
- des amitiés ou de tout autre chose.

Chaque vie peut, sans doute, s'apprécier séparément, mais on peut aussi tenter d'en faire une synthèse. Il semble bien en effet qu'il y ait un dénominateur commun. Ce sont bien, au-delà des difficiles circonstances de la vie, les qualités morales et humaines qui donnent les meilleures chances à cette réussite globale permettant à l'individu de s'épanouir dans toutes ses dimensions. Je vois et comprends la réussite globale comme une harmonie, un certain équilibre, entre ces différentes vies.

Avoir réussi, c'est être satisfait

Diriger une entreprise, diriger une organisation, diriger un service ou une équipe : c'est une lourde mais passionnante tâche. Vous réussirez d'autant mieux cette mission si vous avez conscience que vous devez aussi diriger en même temps, et en harmonie, vos autres vies, affective, familiale, amicale...de façon à construire un équilibre qui puisse vous donner satisfaction.

R91 1°) **La réussite n'est rien d'autre que la satisfaction que l'on éprouve devant ce que l'on a fait, construit ou provoqué.**
R92 2°) **La satisfaction est d'autant plus grande qu'il a fallu des efforts, de la volonté et un engagement sans faille pour obtenir la chose. Ce qui a de la valeur, c'est ce qui a coûté.**

La satisfaction de la réussite ne peut donc appartenir qu'à ceux qui mettent en œuvre des qualités humaines et morales et qui font les choses avec passion et enthousiasme, sans limiter leur implication. **L'effort est toujours récompensé, sauf quand il n'est pas suffisant.**

Il n'est pas nécessaire de nous appesantir sur les qualités humaines et morales qu'il s'agit de mobiliser pour réussir. Nous les avons largement évoquées et décrites tout au long de cet ouvrage. Je voudrais cependant attirer l'attention sur certains comportements à éviter, car ils peuvent être très néfastes au nouvel arrivant dans une entreprise ou une organisation.
Le problème se pose surtout pour les personnes qui arrivent dans une entreprise avec un passé et une expérience déjà significatifs. Il faut alors avoir la lucidité de se servir de son expérience et de ses éventuelles réussites sans les étaler et les jeter à la face des autres.

Ne soyez pas un donneur de leçons

Dire que la façon de faire dans l'entreprise d'où l'on vient était meilleure que ce qui se pratique ici est toujours très peu apprécié. On pensera vite du nouvel arrivant, avec une bonne dose d'agacement et d'ironie, qu'il a tout vu, qu'il a tout fait et qu'il sait tout... Étaler vos réussites passées et votre savoir-faire ne peut que vous attirer des réactions négatives. Il est préférable, au contraire, d'induire les solutions que vous connaissez avec modestie et discrétion, sans que vos interlocuteurs puissent penser que vous les sous-estimez. Cela n'exclut pas que vous puissiez être incisif tout en restant prudent, car il faut savoir une chose :

> **R93 On apprécie les gens efficaces qui proposent des solutions et font avancer les problèmes, mais on n'aime pas les donneurs de leçons. La différence est mince, mais elle est d'importance.**

J'ai connu un directeur, de grande qualité d'ailleurs, à qui j'ai dû suggérer d'enlever du mur de son bureau l'affichage de grande dimension d'un article de presse qui relatait une de ses réussites passées. En effet, l'affichage de cette réussite-là, obtenue dans une autre entreprise, était néfaste à son image et le desservait. Certains membres de son équipe en arrivaient à le considérer comme imbu de lui-même. Cela était peut-être un peu dans sa nature, mais n'enlevait rien à ses qualités qui étaient réelles. Toutefois, cet affichage rappelait en permanence ce trait de caractère et indisposait ses collaborateurs sans qu'il s'en rende compte. Il a finalement bien compris le problème et supprimé cette affiche pour son plus grand bénéfice.

A contrario, les réussites obtenues dans le cadre de l'entreprise actuelle concernent la totalité du groupe et chacun peut y retrouver son compte et sa fierté. Dans ce cas, l'affichage et la publicité n'indisposent personne, bien au contraire.

Il est logique que la réussite engendre une certaine fierté et il n'est pas humainement anormal que certains souhaitent l'afficher. Contrairement aux Anglo-Saxons pour qui le succès ne se cache pas, la culture française, avec ses reliquats de 1789 et de lutte des classes est beaucoup plus nuancée. Toutefois, la fierté intérieure au moins est toujours là, et heureusement, car elle constitue sans aucun doute un formidable moteur de progrès.

Voici sur ce sujet, une délicieuse anecdote vécue alors que je dirigeais la société Technifil dont nous avons déjà parlé. Elle apporte un éclairage intéressant sur la sensibilité et la fierté relatives à la réussite que constitue la promotion. Le directeur de production était malade. Il s'est avéré que s'il reprenait le travail, il ne serait plus à même d'assumer les

mêmes fonctions. Il s'agissait donc de lui trouver un remplaçant, ce qui s'est d'ailleurs fait en accord avec lui. J'ai donc décidé de nommer à sa place un chef d'atelier de cinquante-trois ans qui avait fait la plus grande partie de sa carrière dans l'entreprise. C'était un agent de maîtrise qui possédait toutes les qualités requises pour tenir le poste.
Je l'ai donc reçu dans mon bureau pour lui signifier ma décision et le féliciter. Il a bien sûr accepté avec le plus grand enthousiasme et une fierté non dissimulée. J'ai ajouté qu'à cette occasion, il était promu cadre. Il me faut préciser que la culture de l'entreprise faisait que les cadres portaient une blouse blanche. Pour les agents de maîtrise elle était marron, et la tenue des ouvriers était bleue.
Il devait être 11 h 30 et notre chef d'atelier, visiblement très heureux de sa promotion comme directeur de production, m'a alors demandé : « Quand est-ce que ma nomination prend effet ? » Je lui ai répondu que je n'avais pas de raison d'attendre, que sa promotion était donc effective dès cet instant et que j'avais prévu de réunir dès la fin du poste, à 17 heures, les membres de l'encadrement pour les informer de sa nomination. Sur ces bonnes paroles, nous nous sommes donc quittés pour aller déjeuner. À 13 heures, je revenais de déjeuner et je vois un homme décidé traverser la cour en blouse blanche ! C'était lui ! Il n'avait pas pu attendre la réunion d'information de 17 heures qui allait annoncer sa nomination. Il fallait sans tarder qu'il troque sa blouse marron pour une blanche !
J'ai trouvé cela délicieux et émouvant à la fois. La satisfaction de la récompense et de la promotion étaient si fortes qu'elles débordaient, au-delà de la logique même qui aurait voulu qu'il attende que l'information soit donnée avant de changer de couleur de blouse et d'afficher son nouveau statut.
Des exemples comme celui-ci révèlent la profondeur de la sensibilité des hommes au travail, sensibilité à laquelle il faut porter un soin et une attention de tous les instants.

R94 **En effet, il suffit de peu de choses pour basculer d'un côté à l'autre :**

1°) Une satisfaction, de la reconnaissance, de la considération et c'est l'exaltation et l'enthousiasme !

2°) Une frustration, une négligence, et ce sont tout aussi rapidement l'effondrement et le désenchantement qui s'installent !

Chapitre 17

RECOMMANDATIONS POUR LES NOUVEAUX CHEFS

Le nouveau chef, qu'il vienne d'une autre entreprise, qu'il soit un nouveau promu appartenant déjà à l'entreprise ou un jeune diplômé, doit éviter certaines erreurs qui pourraient compliquer son intégration et surtout son acceptation. A ce sujet je peux dire de façon préalable et d'expérience qu'il est souvent délicat de promouvoir quelqu'un et de le nommer chef s'il doit alors commander à ses anciens collègues de travail. Sans pour autant renoncer à la promotion de celui qui le mérite, il est préférable, chaque fois que cela est possible, de procéder à la promotion en changeant de milieu car « nul n'est prophète en son pays ». En effet, sauf si la personne faisait preuve d'une indépendance d'esprit ou d'une compétence tout à fait incontestable, la relation amicale initiale avec les collègues devient un handicap lorsqu'il s'agit d'exercer l'autorité. Au-delà de cette question, voyons les écueils qui guettent le nouveau venu.

L'erreur des « Je-sais-tout »

Nous avons déjà vu l'importance de ne pas étaler les connaissances et les expériences antérieures qui ne peuvent qu'indisposer les collaborateurs, lesquels n'aiment pas les gens qui prétendent tout connaître. Il faut savoir que l'on sera jugé sur pièces, sur les actes, sur les résultats et non sur ce que l'on sait ou que l'on prétend savoir.

Le plus souvent, un accueil est prévu par l'entreprise pour le nouvel arrivant. À cette occasion, il lui sera remis un livret d'accueil qui explique l'entreprise, ses produits, son marché et son organisation. Selon le service ou la fonction qui sera la sienne, il lui sera logiquement remis aussi des informations plus détaillées relatives au secteur concerné et à ses attributions.

Le nouvel arrivant doit être capable de faire preuve de modestie et d'ouverture d'esprit. Cela ne doit pas l'empêcher d'affirmer très vite sa volonté d'aller de l'avant et sa personnalité. Il ne faut pas vouloir s'imposer avant de connaître suffisamment les tenants et les aboutissants du métier. En effet, on n'aime pas que le nouveau venu, qui ne connaît pas encore les choses, veuille dire « aux anciens » comment il faut faire.

Il y a donc préalablement un temps d'écoute et de compréhension des problèmes techniques, commerciaux ou d'organisation qui demandent que soient posées beaucoup de questions. Ce doit être d'ailleurs une période pendant laquelle le nouveau chef, s'il s'y prend bien, commence déjà à être apprécié par ses subalternes. Ainsi on dira de lui : « Il pose beaucoup de questions, il cherche vraiment à comprendre comment nous travaillons, il n'a donc pas d'*a priori.* »
Si, en plus, le nouveau chef est capable de prodiguer à cette occasion quelques encouragements, de relever les travaux importants et les réussites pour reconnaître que l'équipe a déjà réalisé de belles choses auparavant, on commencera à le considérer comme « un type bien ».
Pour peu qu'il soit capable aussi de s'intéresser et de comprendre les difficultés de l'équipe, d'en extraire l'essentiel et de l'aider à résoudre ses problèmes par son savoir-faire ou par le poids que lui confère sa fonction, alors, certainement, on va commencer à se dire qu'on est bien content qu'il soit là.

Il est là pour nous aider !

C'est finalement ce que tout le monde attend. Il y a donc nécessité évidente pour le nouvel arrivant d'avoir bien cadré au préalable et compris la façon dont il doit s'intégrer. Cela lui évitera d'avoir des attitudes ou des mots malheureux, c'est-à-dire des « **réflexs** » inappropriés qui compromettraient sa bonne intégration. Il faut en effet bien peu de choses pour être mal jugé, surtout au début.
Ce n'est qu'après une intégration réussie, que cette proximité avec son personnel va permettre au chef de connaître les personnes et les caractères avec lesquels il est amené à travailler. Il lui sera alors possible de

comprendre les rouages et les nuances de l'organisation, d'apprendre le métier et de découvrir la dimension, les forces et les faiblesses du secteur.
Progressivement, le nouveau chef va acquérir les connaissances nécessaires à l'exercice de sa fonction et prendre l'ascendant indispensable pour diriger efficacement l'équipe dont il a la responsabilité.

Savoir prendre l'ascendant

J'utilise volontiers le terme d'ascendant plus que celui d'autorité, car le meilleur chef, c'est bien celui qui n'a pas besoin d'utiliser son autorité pour être entendu et suivi.

R95 1°) **L'autorité est la plus grande des qualités, mais elle couronne surtout celui qui n'est pas obligé de s'en servir !**
R96 2°) **N'oublions pas que le premier rôle du manager est d'animer une équipe ! La finalité du manager consiste à faire en sorte que chacun prenne du plaisir à faire ce qu'il fait. Dans ces conditions, la question de la motivation ne se pose même plus, elle devient évidence.**

Un bon chef ne doit pas se contenter de faire que ce qu'on lui demande. Il ne doit pas s'en tenir uniquement à son pôle prédéterminé de compétence. En effet, l'expérience montre que les définitions de fonction et de limites de compétence ne sont jamais suffisamment complémentaires pour couvrir la totalité des questions et des problèmes. Bien entendu, il ne s'agit pas d'aller piétiner les plates-bandes du voisin, mais de remplir tous les espaces vides afin de s'assurer qu'il n'y a pas de territoire en friche où poussent de mauvaises herbes. C'est de la responsabilité des différents chefs de faire les jonctions afin d'éliminer les zones dangereuses ou indéterminées.
Au-delà, le chef doit considérer que le problème non résolu chez le voisin peut aussi lui porter tort et il se doit de porter assistance à son collègue s'il pense pouvoir être utile dans la résolution de la difficulté. Ceci même si ce n'est pas directement de sa compétence.
C'est ce que nous pouvons appeler **la solidarité de la chaîne hiérarchique**. Rien ne sert de critiquer, il faut savoir proposer son aide.

Je me suis trouvé personnellement confronté à une question de cet ordre alors que je venais d'être embauché dans une charcuterie industrielle de mille cent personnes comprenant toute la chaîne de production en partant de l'abattage, puis les produits de charcuterie et enfin les plats cuisinés et les conserves. La responsabilité des services entretien et travaux neufs m'avait été confiée.
Les achats étaient éclatés en plusieurs secteurs : viandes, ingrédients de fabrication, épices, produits d'emballage et de conditionnement, produits d'entretien et pièces de rechange, dépenses d'investissement.
Chacun travaillait un peu à sa façon et les procédures plus ou moins inadaptées n'étaient que peu suivies. Le service central des achats à qui l'on n'avait pas donné les pouvoirs nécessaires était écartelé et tentait de centraliser tout cela, mais il était en difficulté. Finalement, les délais n'étaient pas respectés, les fournisseurs peu suivis en prenaient à leur aise, le contrôle des livraisons et des factures fournisseurs était complexe et aléatoire. Bref, personne n'était satisfait.
Pour autant, le directeur administratif et financier était loin de s'intéresser à la question !
Peu de temps après mon arrivé, je me suis donc trouvé, moi aussi, confronté à des problèmes d'achat qui m'ont bien vite excédé. Alors que ceux-ci ne représentaient pour mon service que 20 % du total des achats courants de la société, j'ai décidé d'entreprendre la structuration et l'écriture de procédures d'achat. Mon objectif était cependant que cela puisse satisfaire les besoins de tous les services, même ceux dont je n'avais pas la responsabilité.
Notre brave directeur administratif et financier, sans doute un peu vexé, m'a fait savoir que je m'occupais de choses qui ne me concernaient pas et qu'il souhaitait que je ne poursuive pas dans cette voie. Il considérait que je ne pouvais ni comprendre les problèmes des autres services ni leur imposer ma façon de faire.
Je lui ai clairement expliqué que les procédures actuelles ne convenaient à personne et que je n'avais pas l'intention de laisser les choses en l'état, même si je n'étais pas certain d'y arriver facilement.

Oser la confrontation respectueuse

J'ai donc poursuivi l'étude méthodiquement et j'ai travaillé humblement avec les collègues des autres services qui ont finalement été satisfaits que quelqu'un aborde cette question qui leur posait également un problème. Ils ont ainsi accepté volontiers de participer à la réflexion d'élaboration d'une procédure commune. Quelques mois plus tard, nous avons signé un document unifié avec une procédure unique pour l'ensemble des services et avons demandé au directeur administratif et financier de la diffuser et de la rendre officielle. Devant l'unanimité, il n'a pu faire autrement que de s'exécuter.
Certes, je ne me suis pas fait un grand ami, mais ce problème important était résolu de façon durable et c'était l'essentiel. Je n'ai d'ailleurs subi aucun contrecoup de cette « audace », bien au contraire, puisque, quelque temps plus tard, je me voyais proposer la responsabilité de deux départements de production de charcuteries (saucissons et produits de cuisine) en plus de mes responsabilités antérieures.

R97 1°) **Un problème non résolu reste un problème. Même s'il ne nous concerne pas directement, il ne doit pas être ignoré.**
R98 2°) **Il faut quelquefois savoir être l'instigateur d'un travail d'équipe pour résoudre un problème commun à plusieurs services.**
R99 3°) **Il faut savoir oser la confrontation respectueuse, en étant constructif mais pas agressif. Elle permet non seulement d'avancer, mais aussi de construire la confiance.**

On est d'ailleurs toujours plus à l'aise et les choses sont plus faciles lorsqu'on n'a rien à se reprocher et qu'on est « droit dans ses bottes ». On ne peut être rigoureux et exigeant que quand on est irréprochable.

L'aptitude à tenir le rôle d'amortisseur

Certains chefs peuvent être de très bons communicateurs, mais dans certaines conditions cela peut devenir un défaut. En effet, lorsque des situations difficiles se présentent, le chef doit être capable de faire comprendre les enjeux, mais il faut aussi qu'il sache **ne pas répercuter une**

pression trop forte sur les collaborateurs, car elle peut devenir paralysante. Il doit savoir assumer et garder sur lui l'essentiel de la pression, sans stresser ses collaborateurs au-delà du raisonnable.

Il apparaît évident aussi que le nouveau collaborateur ou le nouveau chef sera jugé sur son comportement, son aptitude à gérer son équipe, mais aussi sur ses résultats.
Au-delà de la façon de faire pour être accepté, le collaborateur le plus apprécié dont on ne peut bientôt plus se passer, est celui qui considère que l'entreprise dans laquelle il travaille est *son* entreprise. Il considère alors que rien ne peut être négligé, que toute économie est bonne à prendre et il s'implique pleinement. Il va mettre ainsi une énergie positive dans la réussite de sa mission, sans arrière-pensées ou restrictions.

R100 Pour ce qui est du succès d'une mission, la voie royale de la réussite n'est-elle pas faite de réflexion, de qualités morales, d'engagement et... d'un peu de transpiration ? La satisfaction est, en effet, au bout de l'effort !

La montée n'est pas l'inverse de la descente, pas seulement parce qu'elle demande plus d'efforts, mais parce qu'elle arrive au sommet !

Chapitre 18

ÉTABLIR DES RÈGLES DU JEU

J'ai détaillé dans cet ouvrage le mode de management tel que je le conçois. Il est la synthèse de ce que j'ai appris par moi-même et de ce que m'ont apporté les autres. Seules sont valables les règles qui sont confortées par le terrain et issues de l'expérience.
L'annexe 6 donne une fiche simple, établie par l'encadrement d'un groupe important, qui est affichée dans les salles de réunion. Elle témoigne de la nécessité de se donner un cadre de fonctionnement afin d'éviter les difficultés que l'on peut rencontrer si l'on n'y prend garde. Elle reprend par ailleurs certains thèmes exposés dans cet ouvrage.

Application des règles de comportement dans l'entreprise

L'expérience nous apprend également que des règles sont efficaces si, et uniquement si, elles sont comprises et acceptées. Mieux encore : si ceux qui doivent les appliquer ont participé à leur élaboration. Il en résulte alors une adhésion aux valeurs qui deviennent ainsi une référence dans l'entreprise. Ce sont elles, en effet, qui vont ainsi structurer le mode de relations et de comportements dans l'entreprise et vont pouvoir induire les « **réflexs** » tels que nous les avons explicités précédemment.

Les annexes 2 et 3 donnent des règles de fonctionnement et de comportement, issues elles aussi de l'expérience, qui régissent les relations dans l'entreprise. Ces règles ont été mûries après plusieurs séminaires de formation et de sensibilisation dans des entreprises que j'ai eu le plaisir de diriger. Elles ont ensuite été formalisées par des membres de l'encadrement, puis instituées comme règles communes pour toute la hiérarchie.

Il est clair que ces enseignements et ces règles ne sont pas forcément exhaustifs, ils peuvent être complétés et se recoupent avec les **100 Règles et observations** (**R**) explicitées dans cet ouvrage. Notamment la fonction de dirigeant qui, si elle exige inévitablement le respect des règles communes, demande aussi des attitudes et des « **réflexs** » complémentaires. J'ai eu l'occasion d'aborder cette spécificité plus avant dans cet ouvrage, essentiellement au travers d'exemples et de commentaires.

Il n'en demeure pas moins que ce mode de fonctionnement concerne toute la hiérarchie et peut s'appliquer à toute entreprise ou organisation qui emploie du personnel. Ce sont des règles de comportement qui découlent avant tout de la logique et du bon sens. Cependant, force est de constater, que la démarche d'appropriation est tout à fait indispensable si on veut avoir la certitude d'être capable de les appliquer correctement, et au bon moment, sans être submergé par notre émotivité, nos états d'âme ou nos hésitations.
Au final je vous propose un dernier « **réflex** » qui doit être toujours présent à votre esprit sous la forme d'une question : « Est-ce que je place **chacun** de mes collaborateurs dans une situation où ils prennent plaisir à faire ce qu'ils font ? » Si la réponse est positive, c'est gagné ! Dans le cas contraire il faut absolument savoir pourquoi. La réponse est certainement dans l'ouvrage que vous avez entre les mains, cherchez-la et réagissez. Il n'est jamais trop tard !

Je résumerai l'intérêt et l'utilité de cette démarche d'établissement de règles communes qui engendrent les « **réflexs** » par la remarque que m'a faite un jeune directeur d'usine. C'était à la fin de l'une de ces journées de réflexion, il m'a alors déclaré avec enthousiasme : « Ça y est ! Pour moi maintenant, c'est clair, je sais comment je vais gérer mon usine et mon personnel ! »

Quand le chemin est balisé

Comme pour lui, j'espère que ces quelques constatations et enseignements, ces commentaires et, surtout, les nombreux exemples cités

vous permettront d'appréhender plus sereinement et plus efficacement le milieu relationnel de votre organisation ou de votre entreprise.
Je souhaite que ces règles puissent vous apporter également un peu de détente et de décontraction qui sont souvent le résultat d'un peu plus de rigueur.

En effet, quand le chemin est balisé, quand les règles sont connues, quand il y a moins d'incertitudes sur les comportements, alors les aléas sont plus faciles à gérer et à supporter et les décisions plus faciles à prendre.

Aujourd'hui plus que jamais, pour être efficaces, les managers, ou simplement les chefs et les salariés, ont besoin de retrouver du temps, du calme et de la sérénité en s'appuyant sur des règles. Ce ne peut être le cas que si les valeurs morales et humaines ainsi que les règles de comportement et de fonctionnement sont claires et admises par tous, en commençant par la hiérarchie.

Comme pour toute chose, vous serez un bon chef si vous aimez ce que vous faites, si vous prenez plaisir à votre travail et à vous occuper des hommes. C'est alors par eux et avec eux que vous trouverez les solutions et que se développera l'enthousiasme.

Soyez les paysans de la relation sociale !

Soyez un travailleur attentif à tous les instants, occupez-vous des hommes comme le paysan de sa terre, avec patience, avec attention, avec amour.
Plus vous lui donnerez, plus elle vous rendra. Plus vous leur donnerez, plus ils vous rendront !

Chapitre 19

CONCLUSION SYNTHÈSE

Arrivés au terme de cet ouvrage, est-il possible d'en faire une synthèse de façon simple ? Les règles de management que nous venons de présenter peuvent-elles être condensées en uniquement quelques lignes ? Cela semble évidemment difficile ne serait-ce que parce qu'il peut paraître impossible de regrouper en seulement quelques points la centaine de règles de comportement, et tout autant d'exemples, que nous avons développés dans cet ouvrage pour illustrer nos propos.

Cependant, l'exercice m'est apparu tellement intéressant que j'ai décidé de le tenter, aidé en cela par les travaux d'Isaac Getz. J'ai finalement abouti à la mise en évidence de **cinq fondamentaux du management,** soit un de plus qu'Isaac Getz.

Les cinq fondamentaux du management

Nous avons montré tout au long de cet ouvrage que si le chef, quel que soit son niveau hiérarchique, doit bien connaître son métier ce qui constitue sans aucun doute un plus ce n'est pas le facteur le plus déterminant, ce n'est pas le facteur décisif du succès. En effet, nommer de très bons techniciens aux postes de responsabilité est loin d'être suffisant pour être assuré de la réussite dans la fonction de management. L'aptitude particulière au management et à la relation avec les hommes est sans aucun doute bien plus importante que la seule compétence technique. Il est des choses, notamment techniques, qui s'apprennent aisément. Il en est d'autres qui sont plus difficiles à acquérir. La qualité de la relation à l'autre, la faculté de faire partager, d'être un entraineur, d'engendrer la confiance... en font partie. Or, c'est tout cela qui permet de construire la légitimité du chef.

Mais attention cependant ! Même en ayant toutes les qualités requises, la prudence et l'humilité doivent rester de mise. **On ne peut organiser la légitimité du chef et son rapport aux autres autour de la démonstration ou de la prétention à sa supériorité**. C'est une grave erreur et un piège qui interdisent toute spontanéité et tout droit à l'erreur. Cette prétention à la supériorité interdit la prise de risque, la flexibilité et l'évolution, elle fait le nid de la rigidité et de l'immobilisme. Elle devient une chausse-trappe où toute erreur se paye cash, au lieu d'être l'occasion d'une nouvelle réflexion et un facteur de progrès. Elle se transforme en rigidité supplémentaire, aussi bien pour le chef que pour les subordonnés. On est alors dans l'antichambre du discrédit et de la paralysie. **On surveille le chef, à l'affut des erreurs qu'il pourrait bien commettre pour le faire chuter de son piédestal au moindre problème.**

Au-delà de la nécessaire spontanéité du chef et de sa proximité avec ses collaborateurs, il n'est donc pas inutile de mener l'exercice de synthèse dont nous avons parlé à son terme afin de réduire au minimum le nombre de règles fondamentales. C'est cela qui permettra au manager de pouvoir en permanence et très rapidement se rendre compte des dérives par référence à des règles majeures particulièrement simples et peu nombreuses.

La première règle fondamentale m'apparaît être la suivante.

1- Mettre beaucoup d'énergie à simplifier le travail

Il s'agit sans aucun doute de la source de productivité et d'économie la plus colossale qui puisse exister dans une entreprise. Combien de tâches, de procédures, de façons de faire, d'habitudes... n'ont plus aucun sens ou utilité pour le but final à atteindre qui est la satisfaction du client et le résultat ?
Par exemple, de nombreuses entreprises sont tombées ou tombent encore dans le piège des normes ISO 9000, ISO 14000... Voulant se donner un label de qualité, elles se laissent enfermer dans un carcan et une multitude de contraintes qui paralysent plus qu'elles ne permettent

de résoudre des problèmes ou de sécuriser les processus. Clarifier et sécuriser les processus grâce à ces normes est sans doute une très bonne chose, souvent indispensable. Cependant, si l'on n'y prend garde, on risque de se retrouver avec une véritable "usine à gaz" qui deviendra un boulet plus qu'une aide et entrainera non pas l'adhésion, mais la démotivation des équipes voire le découragement à cause de la lourdeur du système.

Ce risque majeur de complication et d'enlisement dans la complexité est latent dans l'entreprise à tous les niveaux et sur tous les projets :
- installation d'un progiciel intégré,
- multiplication des procédures,
- normes ISO,
- complexité croissante des reportings et tableaux de bord,
- réunions inutiles ou stériles, etc.

Il s'agit d'être en permanence imprégné d'une chose simple :

Plus simple → Plus facile → plus clair → plus détendu → plus efficace.

Il est majeur d'avoir en permanence à l'esprit la nécessité de faire toujours plus simple. Il s'agit de mettre en œuvre cette nécessité de la simplification permanente et de la programmer. Il faut aller à l'efficacité et à l'essentiel et remettre systématiquement et périodiquement en question les façons de faire, les habitudes, les procédures, ... avec un seul mot d'ordre : comment faire plus simple, toujours plus simple, pour une efficacité maximum ?

2- Faire circuler et partager l'information

Nous avons déjà largement évoqué ce deuxième point fondamental sous tous ses aspects tout ou long de cet ouvrage :
- réunions CE, DP, CHSCT...
- information des acteurs extérieurs : collectivités locales, médias, actionnaires...
- information permanente du personnel,

– information prioritaire de la hiérarchie qui doit être la courroie de transmission de l'information dans l'entreprise. Etc.

Le partage de l'information est un gage de réactivité et d'efficacité. Il permet aux acteurs de l'entreprise d'avoir les éléments de compréhension, d'action et de décision nécessaires au bon moment. Ils sont alors partie prenante de la vie de l'entreprise.

Mieux informé → plus concerné → plus réactif → plus performant

Il va de soi qu'il s'agit de bien cerner et sélectionner l'information qui présente un intérêt pour la diffuser, à l'inverse de celle qui n'apporte rien dans le fonctionnement de l'entreprise. Il faut être sélectif car nous le savons, si le manque d'information paralyse, le trop d'information tue l'information et peut rendre lui aussi stérile.

3- Clarifier et expliquer les processus de décision

En effet, les processus décisionnels ne doivent pas prêter à discussion. Ils doivent être reconnus et faire l'objet d'un consensus. Nous avons déjà largement évoqué ce point majeur du management sous tous ses aspects. Il n'y a rien de pire qu'un personnel qui n'adhère pas aux décisions de l'entreprise ou qui les remet en cause. Cependant quelquefois, il ne faut pas s'en étonner. On n'accepte pas l'arbitraire et encore moins l'injustice. Il est indispensable que les méthodes qui permettent de prendre les décisions soient connues de tous à l'avance. Qu'il s'agisse de questions techniques, organisationnelles, financières... ou de façon encore plus sensible, des questions concernant les jugements sur les hommes. On se soumet par contre à un processus clair, connu, légitime et expliqué.

Mieux compris → plus clair → mieux accepté → plus efficient

A l'inverse, les individus se révoltent logiquement contre l'arbitraire, ils ne l'acceptent pas. Certes, cela ne se traduit pas toujours par des protestations explicites mais les ravages et la démotivation que cela peut engendrer sont le plus souvent catastrophiques, nous l'avons montré sur différents exemples concrets.

4- Donner autorité et autonomie à l'encadrement

Ce quatrième point est aussi l'un des éléments clé de la motivation et de la performance, autant au niveau des chefs que de leurs subordonnés. Il est évident que le salarié à qui l'on donne des responsabilités et des prérogatives va en retirer non seulement une certaine fierté, mais aussi une volonté d'action et de dépassement de soi.
Le bénéfice est également majeur pour celui qui sait déléguer et donner autorité et autonomie le plus bas possible dans la chaine hiérarchique. Il peut dès lors se consacrer à des tâches plus importantes.
Lors d'une intervention dans un séminaire de formation d'un grand groupe du BTP, l'un des participants qui dirigeait une agence d'une centaine de personnes me disait : « *déléguer, former les autres, redistribuer les responsabilités, cela me rend plus libre et plus confortable. Je ne suis plus sous le stress de l'urgence, ce qui me rend plus réceptif et plus disponible pour mon personnel... donc plus efficace* ».

Il est simple de comprendre aussi que celui qui sait qu'on lui fait confiance va faire en sorte de ne pas décevoir.

Plus autonome et plus responsable → plus moteur → plus de progrès.

Par contre coup, celui à qui l'on délègue va être concerné pleinement par ce qui se passe et il saura lui aussi prendre ses responsabilités.
Celui qui n'était qu'un exécutant et devient un acteur à part entière n'aura plus du tout le même comportement. Puisqu'il est responsable et qu'on lui fait confiance, il prend alors en charge l'affaire, ce qui change tout.

5- Considérer les personnes comme des êtres humains

Cette dernière règle qui a été de fait omni présente dans tous les développements de cet ouvrage pourrait d'ailleurs quasiment se suffire à elle-même. En effet, si nous sommes capables de comprendre ce qui fait la fierté de l'homme, ce qui fait sa motivation et son implication, alors nous devrions être capables d'en tenir compte et d'éviter des comportements arbitraires, mesquins ou inadaptés qui ne correspondent pas à la sensibilité humaine et qui ne peuvent engendrer que le défiance, le doute et la démotivation.

Plus reconnu → plus motivé.

Je terminerai donc ce livre en reprenant une formule que je donnais dans les premières pages de mon exposé. Je crois l'avoir démontrée au cours des règles et nombreux exemples concrets présentés dans cet ouvrage.

« Il n'y a pas de mauvaises gens, il n'y a que de mauvaises relations ! »

ANNEXES

ANNEXE 1

L'ENTRETIEN D'ÉVALUATION
Questions et déroulement

Il n'a pas d'autre finalité que trouver avec le collaborateur des voies d'amélioration et de progrès. Il définit le contrat de management et son suivi. Il se tient autour d'une table et non derrière un bureau. Les questions que je dois poser à mon collaborateur ou me poser sont les suivantes :

1°) Comment avez-vous vécu cette année ?
(*Reformulations pour l'aider à s'exprimer*).

2°) Mon point de vue, voilà ce que j'ai apprécié. (*A préparer*).

3°) Avez-vous rencontré des difficultés ou des échecs ?
(Ne rien ajouter, si nécessaire l'aider à s'exprimer).
- Sur quels points avez-vous progressé ?
- Où devez-vous encore progresser ?

4°) De mon côté, j'avais noté...
- *Parlons alors des problèmes s'il y en a, mais aussi des réussites !*

5°) Votre sentiment. Etes-vous : *(A préparer)*
- Source de valorisation pour votre personnel ?
- Source de cohésion ou de perturbations ?
- Source de propositions et de progressions ?
- Quels sont vos résultats.
- Puis mon sentiment et mes observations. (*A préparer*)

6°) Les objectifs : ce que je veux (*non négociable*) par ex :
- Remontée d'infos.
- Axes de progrès.
- Comportements.
- Tactique.
- Résultats.

(*Une lettre de mission doit suivre si nécessaire).*

7°) Pour faire cela, de quoi avez-vous besoin ?
(Si nécessaire, analyse des freins et plans d'action).

8°) Eventuellement votre projet à deux ans dans l'entreprise : organisation, évolution, formations souhaitées…

9°) Dans notre organisation quotidienne y a t-il des choses qui vous posent problème ou des choses que je pourrais faire ou ne plus faire pour vous aider ?

A la suite de l'entretien : respecter le contrat de pilotage, prévoir des dates fixes et la périodicité du suivi.

ANNEXE 2

71 RÈGLES à appliquer dans l'entreprise[1]

Règles morales et comportementales

Tout défi aux règles est une infraction qui doit être sanctionnée.

La loi est là pour nous faire grandir »

RAPPORT À L'ENTREPRISE

01- Dans le principe, ce qui concerne l'entreprise ne doit pas aller à l'extérieur.
02- Critiquer l'entreprise à l'extérieur est interdit.
03- Nous ne pouvons transmettre à l'extérieur des informations confidentielles ou qui desservent l'entreprise.
04- Tout salarié est tenu au secret professionnel.
05- Chacun doit prendre des initiatives à son niveau, ce qui implique que le droit à l'erreur existe, mais ce n'est pas à confondre avec le droit à la négligence !
06- La passivité n'est pas admise, il s'agit de résoudre les problèmes.
07- Nous sommes tous comptables de l'argent de l'entreprise et chacun doit veiller, à son niveau, à sa bonne utilisation et à toutes les économies possibles (*un sou est un sou !)*

RAPPORT AUX CLIENTS

08- C'est le client qui paye nos salaires, c'est lui notre employeur.
09- La non-réponse à une question du client, formalisée ou non, est intolérable.
10- On ne peut laisser le trouble avec un client.
11- Il n'est pas admissible de se fâcher avec un client ou d'être désagréable avec lui (ce qui n'exclut pas de s'expliquer clairement et de défendre la position de l'entreprise).
12- Le rôle de l'entreprise n'est pas seulement de vendre des produits, mais de satisfaire ou de créer les besoins du marché, et de satisfaire les clients.
13- Le client est le miroir de notre incompétence, il ne nous ennuie pas pour le plaisir !
14- Si le client n'est pas satisfait, c'est que nous avons fait une erreur et l'on se doit de la réparer dans les meilleurs délais.

1. Établies par l'encadrement de la société THÉCLA – 600 personnes, filiales d'un groupe.

15- Tolérer l'imperfection ou bien « l'à peu près », est inacceptable.

Nous ne pouvons laisser s'installer le doute, le non dit, il faut que tout soit clair.

16- Les exigences croissantes des clients sont normales et correspondent à des impératifs, à leurs impératifs.

17- Nous nous devons de les satisfaire.

18- On ne peut se retrancher derrière le côté économique, il s'agit de le traiter en même temps, en préservant l'intérêt financier de l'entreprise.

19- Il est tout à fait normal et recommandé d'être exigeants avec nos clients.

20- En effet, nous ne devons pas nous mettre en position de faiblesse, ce doit être un partenariat égalitaire.

21- Il s'agit aussi de faire payer notre travail, pour cela il faut nous faire respecter et apprécier.

RAPPORT À LA HIÉRARCHIE

(Solidarité, relationnel, échanges, contrôle.)

22-Toute question impose une réponse qui doit être expliquée.

23-Tout hiérarchique a pour devoir d'aider ses collaborateurs et de les contrôler.

24- Qui ne rend pas compte ne se rend pas compte !

25- On ne peut réprimander qu'après avoir demandé des explications.

26- Il n'est pas possible de refuser assistance à un collaborateur.

27- Chacun doit transmettre à ses collaborateurs, à sa hiérarchie, à ses collègues, toutes les informations dont ils ont besoin.

28- Nous devons obligatoirement aux autres toutes les informations qui peuvent leur être utiles dans leur travail.

29- Les courts-circuits sont interdits. (A ne pas confondre avec circuits courts).

30- On ne peut risquer la non-continuité d'un service pour n'avoir pas prévu les formations et passations de consignes ou les présences nécessaires.

31- Il est interdit de faire enfler ou de transmettre tout ce qui n'est que bruits de couloir ou rumeurs.

32- La circulation de l'information dans l'entreprise est vitale.

33- Le flux des informations est comme la respiration dans le corps : nécessaire dans les deux sens pour que le corps vive. (Recevoir et donner).

34- C'est la multitude des gens qui transmettent l'information, chacun à son niveau. C'est cela qui fait le bon flux. (Entre personnes, entre services, entre sites.)

35- Le chef doit valoriser son personnel et le mettre à l'aise.

36- Il n'est pas acceptable de « régler des comptes » ou de se retrancher derrière un manque « d'affinités ».

37- La recherche de l'objectivité est un devoir.

38- Il n'est pas admissible de ne rechercher qu'un seul intérêt, sans présenter complètement le pour et le contre d'un projet ou d'une idée.

39- Il s'agit de présenter plusieurs solutions, et pas seulement celle qui aurait à priori notre faveur.

RAPPORT AUX COLLABORATEURS ET À L'ÉQUIPE

40- Toute critique est admise dans la mesure où des solutions sont proposées en face, mais uniquement aux personnes concernées.
41- La pure polémique est interdite.
42- Le « pisse vinaigre » n'est pas toléré.
43- Les conflits de personnes n'ont pas leur place dans l'entreprise. (L'ennemi c'est le problème, pas le collaborateur.)
44- On ne peut s'abriter derrière des querelles de personnes.
45- Il est interdit de « démolir » quelqu'un vis-à-vis de ses collègues, de la hiérarchie ou de ses subalternes.
46- On ne doit pas « s'engueuler » en public, ce qui n'interdit pas de s'expliquer en privé !
47- Il faut obligatoirement reconnaître et réparer ses erreurs.
48- Tant qu'une décision n'est pas prise, chacun doit faire part de ses idées et les faire avancer. Quand la décision est prise, il s'agit de la faire sienne, de la défendre, et de l'exécuter de façon à la faire réussir.
49- Quand on ne dit pas non cela veut dire explicitement oui ! (Qui ne dit mot consent !) Il faut savoir exprimer son point de vue.
50- Nul ne peut justifier du dysfonctionnement d'un service voisin ou extérieur pour justifier un échec.
51- On ne peut admettre la défaite comme inévitable (Devoir de réussite). Le défaitisme est interdit.
52- Ne pas s'abriter derrière des éléments que l'on ne maîtrise pas : il faut inventer d'autres solutions.
53- La défaillance d'un collègue ne peut justifier notre échec.
54- Le « je pensais que c'était lui qui faisait ... » n'est pas admis et ne peut justifier l'inaction.
55- Il est donc interdit de se justifier par la défaillance d'un service voisin, il faut être moteur et provoquer la remise en ordre.
56- On a le droit de ne pas savoir faire, mais il est interdit de ne pas le dire et on a le devoir d'essayer, quitte à se faire aider.
57- Il n'est pas admissible d'étouffer un problème.
58- Dans un dysfonctionnement, on y est toujours pour quelque chose.
Ne « gueule » pas mais cherche ou tu t'es trompé :
59- Ce que tu as négligé.
60- Ce que tu as mal fait.
61- Où tu as mal réagi.

62- Ce que tu n'as pas su apprécier.
63- L'information que tu n'as pas cherchée ou pas transmise. etc. ...
64- Tous les services de l'entreprise ont des relations client / fournisseur.
65- Nous ne pouvons pas négliger la demande d'un autre service qui est notre client. Il s'agit de formaliser clairement les procédures de fonctionnements entre services.
66- L'exigence vis-à-vis de nos fournisseurs internes est une règle.
67- Chacun doit se considérer en permanence dans la relation client / fournisseur interne, et accepter de remettre en question sa prestation, de l'améliorer en permanence.
68- Il est interdit de s'approprier une réussite qui n'est pas la sienne, comme il est interdit de reporter son erreur sur quelqu'un d'autre.
69- Il s'agit de valoriser les collaborateurs en permanence, notamment en les associant aux réussites.
70- Chaque collaborateur de l'entreprise doit se comporter en professionnel :
71- Chaque fait doit être qualifié, les « on m'a dit, ou il paraît que... » sont interdits. Il faut savoir qui : la rumeur est inacceptable !

ANNEXE 3

PROGRESSONS ENSEMBLE POUR RÉUSSIR[1]

01°) **P**rendre conscience que la SÉCURITÉ est l'affaire de tous, mais avant tout de soi-même.
02°) **R**especter à tout moment ORDRE et PROPRETÉ au poste de travail. Ainsi, sécurité des personnes et qualité des produits fabriqués s'obtiendront plus facilement.
03°) **Œ**uvrer à la satisfaction des besoins du CLIENT. C'est lui notre employeur, il paie nos salaires.
04°) **G**arantir à nos clients une QUALITÉ optimale de nos produits et de nos services.
05°) **R**estituer à ses collaborateurs, à sa hiérarchie, à ses collègues, toutes les informations qui peuvent leur être utiles dans leur travail ; L'INFORMATION doit être montante et descendante.
06°) **E**xpliquer ce que l'on demande, et pourquoi on le demande. Cela forme, informe, et motive.
07°) **S**anctionner tant positivement que négativement l'action de nos collaborateurs. L'objectif étant de les tirer vers le haut.
08°) **S**avoir être exigent envers les fournisseurs et envers les clients, c'est possible, si l'on est d'abord exigeant avec soi-même.
09°) **O**ptimiser les conditions de travail de nos collaborateurs pour leur permettre d'exprimer toute leur potentialité.
10°) **N**e pas hésiter à émettre une critique, mais cela après une réflexion mûrie et avec présentation d'une solution de remplacement. La pure polémique est stérile.
11°) **S**'habituer à rendre des comptes. C'est par ce moyen que l'on se rend compte mais ... régler ses comptes est inacceptable.
12°) **Ê**tre attentif à ses collègues, à ses subordonnés, au monde extérieur. On ne vit pas dans une tour d'ivoire.
13°) **N**ourrir notre réflexion par des échanges d'idées. A plusieurs pour résoudre un problème, nous sommes plus intelligents que seuls.
14°) **S**ourire, bonne humeur, humour et courtoisie ne nuisent pas aux relations de travail.
15°) **Ê**tre sincère, authentique et transparent. Dire ce que l'on fait et faire ce que l'on dit.
16°) **M**obiliser les énergies pour que l'entreprise gagne. L'entreprise n'est et ne sera que ce qu'en feront ses salariés.

1. 30 règles établies par l'encadrement du groupe MFSA – 1500 personnes.

17°) **B**ien savoir que chacun doit être moteur dans son activité. Prendre des initiatives et baliser son travail par des plans d'action.

18°) **L**aisser à son auteur la paternité d'une réussite. On ne s'approprie pas une brillante idée qui n'est pas la sienne, tout comme on ne reporte pas sur d'autres son erreur ; il faut la reconnaître et la corriger.

19°) **E**xemplaires nous devons être vis-à-vis de notre personnel. Regardez vivre un service et vous connaîtrez le comportement de son responsable.

20°) **P**arler est le fait de plusieurs, agir est le fait d'un seul : à la fin d'une réunion, il faut savoir qui fait quoi et dans quels délais.

21°) **O**btenir des réponses aux questions que nous posons : il faut savoir relancer nos interlocuteurs et ne pas se retrancher derrière leur silence ou leurs difficultés pour ne pas avancer.

22°) **U**nis et solidaires nous devons être : 1+1>1 et 1. On n'a jamais raison tout seul.

23°) **R**évéler des informations qui ont été fournies à titre confidentiel ou critiquer l'entreprise, est interdit.

24°) **R**especter les échéances fixées : de la fin de notre travail dépend souvent le commencement d'un autre.

25°) **E**xprimer un droit est légitime, mais ne pas oublier que derrière les droits existent également les devoirs.

26°) **U**sages et habitudes ne sont pas vérité immuable. Il faut savoir évoluer et remettre en question les façons de faire pour progresser.

27°) **S**uivre une idée est louable ... sauf si c'est une idée fixe. Il faut savoir faire avancer ses idées mais également celles des autres. Cependant, quand une décision est prise, il faut l'appliquer et la faire appliquer, même si elle est contraire à sa propre idée de départ.

28°) **S**avoir être économe : chacun est comptable de l'argent de l'entreprise et doit veiller à sa bonne utilisation.

29°) **I**nnover est indispensable : nos idées d'aujourd'hui seront forcément celles de nos concurrents demain.

30°) **R**épondre aux questions qui nous sont posées : il ne faut pas laisser un interlocuteur dans le doute ou l'ignorance. Si nous n'avons pas la réponse immédiatement, il faut aller la chercher.

La qualité des comportements d'abord !

ANNEXE 4

POURQUOI C'EST TOUJOURS LA FAUTE DU CHEF

Quand cela ne va pas, c'est **toujours** la faute du chef, qu'il soit chef d'équipe, contremaître, cadre, directeur ou président !

C'est la faute du Chef :
- Qui n'a pas su avoir l'activité nécessaire (commerciale, administrative, industrielle, humaine, ...)
- Qui n'a pas su briser la routine et les habitudes néfastes.
- Qui n'a pas su proposer des sujets de progrès et des plans d'action.
- Qui n'a pas su motiver son personnel.
- Qui n'a pas su se séparer de collaborateurs indésirables.
- Qui n'a pas su rectifier les erreurs ou les gâchis.
- Qui n'a pas su faire confiance à son personnel.
- Qui n'a pas su fédérer toutes les intelligences pour faire progresser l'équipe.
- Qui n'a pas su contrôler, car qui ne rend pas compte, ne se rend pas compte.
- Qui n'a pas su transmettre ou recueillir les informations nécessaires et assurer la coordination.
- Qui n'a pas su constituer une équipe performante.
- Qui n'a pas su prendre les décisions qu'il fallait prendre quand il fallait les prendre.
- Qui n'a pas su...
- Qui n'a pas su. ... Qui n'a pas su. ...

C'est toujours la faute du chef, car c'est bien lui qui n'a pas su ou n'a pas eu la volonté de faire ce qu'il fallait faire quand il fallait le faire, car le chef est là pour cela !

ANNEXE 5

ÊTRE JEUNE D'ESPRIT

La jeunesse n'est pas une période de la vie,
elle est un état d'esprit, un effet de la volonté,
une qualité de l'imagination, une intensité émotive,
une victoire du courage sur la timidité,
du goût de l'aventure sur l'amour du confort.

On ne devient pas vieux pour avoir vécu un certain nombre d'années ; on devient vieux parce qu'on à déserté son idéal.

Les années rident la peau ; renoncer à son idéal ride l'âme.

Les préoccupations, les doutes, les craintes et les désespoirs sont les ennemis qui lentement nous font pencher vers la terre et devenir poussière avant la mort.

Jeune est celui qui s'étonne et s'émerveille. Il demande, comme l'enfant insatiable : et après ? Il défie les événements et trouve de la joie au jeu de la vie.

Vous êtes aussi jeune que votre foi.
Aussi vieux que votre doute.
Aussi jeune que votre confiance en vous-même,
Aussi jeune que votre espoir.
Aussi vieux que votre abattement.

Vous resterez jeune tant que vous serez réceptif.
Réceptif à ce qui est beau, bon et grand. Réceptif aux messages de la nature, de l'homme et de l'infini.

Si un jour, votre cœur allait être mordu par le pessimisme et rongé par le cynisme, puisse Dieu avoir pitié de votre âme de vieillard.

D'après le Général Mac Arthur (écrit en 1945).

ANNEXE 6

RÈGLES DE TRAVAIL
Affichées dans les salles de réunion d'un grand groupe.

1°) Nous sommes à l'heure et vraiment présents pour travailler.

2°) Nous sommes ouverts, l'opinion de chacun compte. Nous nous adressons à la personne concernée sans faire dire les choses par quelqu'un d'autre.

3°) Nous ne prenons que les décisions que nous sommes prêts à appliquer et nous les mettons effectivement en œuvre.

4°) Nous recherchons l'accord ou l'alignement.
- Ce n'est pas un problème d'avoir un débat d'idées et de ne pas être d'accord.
- Mais, tout le monde applique la décision et la fait sienne.
- Nous résolvons les problèmes au plus bas niveau possible.
- Nous nous engageons à résoudre problèmes et conflits entre nous et à faire en sorte qu'ils ne soient pas en contradiction avec les intérêts de l'entreprise.

5°) Nous partageons la responsabilité de l'entreprise.

6°) Nous rendons claire dès le début la façon dont les décisions seront prises et nous les prenons à temps, sans repousser les échéances.

7°) Nous restons centrés sur les résultats attendus.

Bibliographie

(1) Guehenno J., *Sur le chemin des hommes,* Grasset, 1959.
(2) *Extraction de l'œuvre ou d'ouvrages ou présentations par le CPE.* Séminaires de formations.
(3) Boyer L., Bureau R., *600 Citations pour réfléchir,* Les éditions d'Organisation, 1996.
(4) Boyer L., Bureau R., *400 Citations pour le manager,* Les éditions d'Organisation, 199.
(5) Jauffret E., Sociologue. *Extraction de l'œuvre et citations.* Séminaires de formation.
(6) *Séminaires et citations lors des clubs APM,* Formations.
(7) *Extraction des journaux d'entreprise,* Groupe SFPI.
(8) Crèvecœur J.-J., *Explications et citations en conférence.* Séminaires de formation.
(9) *Les Échos*, avril 2006.

Comme nous l'avons vu, cet ouvrage est le résultat d'expériences multiples de management et de l'appropriation de règles et de méthodes de management par la hiérarchie de plusieurs entreprises. Ces expériences ont été confortées et alimentées par des formations diverses et notamment :

1°) Séminaires pour toute la hiérarchie avec le CPE (Centre de perfectionnement des entreprises).
2°) Stages et séminaires de formation collectifs ou personnalisés avec différents organismes spécialisés.
3°) Séminaires pour dirigeants avec de multiples intervenants dans les clubs APM (Association pour les progrès du management).

Collection **sans tabous**

Michel Baudier
Bien prospecter au téléphone pour obtenir des rendez-vous

Richard Farson
En finir avec les poncifs du management

Robert Fifer
78 moyens pour doper vos profits

Seth Godin
Les secrets du marketing viral

Dominique Michalon - Loïck Roche
L'entreprise sans la psychologie

Sandrine Weisz
Gérer les personnalités difficiles au bureau

John Whitmore
Le guide du coaching

Achevé d'imprimer sur rotative
par l'Imprimerie Darantiere à Dijon-Quetigny

Dépôt légal :
N° d'impression : 28-0820

Imprimé en France